지은이 **배중렬**(야생화)

'강제집행도 못하는 경매브로커'
10년 동안 경매컨설턴트로 활동하며 현재 명지투자정보연구소의 대표로 재직 중인 저자의 별칭이다.

살고 있던 지하 전셋집을 경매로 잃은 저자는 등기부등본조차 볼 줄 몰랐던 자신을 원망하며, 한 사람의 인생을 바꿔버린 경매에 대해 관심을 갖게 된다. 명지대학교 증권보험대학원에서 국내 최초로 개설된 경매교육 과정을 1기로 수료한 그는, 실전 경매를 배우기 위해 월 40만 원의 급여를 받기로 하고 '명지경매' 컨설팅회사에 입사한다. 10년이 지난 지금은 경매를 가르쳐준 선배들과 동료들이 그를 대표로 추대했다고 하니, 냉혹한 경매브로커 세계에서 실력과 됨됨이를 인정받은 셈이다.

그가 가진 아픔과 독기는 배려와 섬김이라 표현되는 그만의 경매 철학으로 승화됐다. 자신이 당한 강제집행의 아픔을 잊지 않고 자신이 낙찰받은 건물의 세입자와 소유자에게도 강제집행만은 절대 안 하려고 한다. 법의 힘을 행사하기에 앞서 따뜻한 마음으로 대하는 것이다.

그리고 자신이 배운 경매 지식은 다음카페 '야생화의 실전경매'와 전국 각지에서 펼쳐지는 강연회를 통해 아낌없이 나누고 있다. 그의 말과 글에서는 경제적인 어려움을 겪고 있는 사람들에게 희망과 용기를 전해주려는 마음과, 허황된 꿈을 좇아 경매에 뛰어들었다가 전 재산을 잃어버리는 사람들에 대한 안타까운 마음을 절실하게 느낄 수 있다. 그가 가진 따뜻한 마음은 필명인 야생화처럼 진한 향기가 되어 주위 사람들을 감동시킨다.

야생화의 실전경매 http://cafe.daum.net/ActualAuction

대한민국 최고 경매 멘토 야생화의
실전 경매 이야기

# 100배의 축복

배중렬 지음

달본북

# 추천사

이 책은 야생화가 10년간의 경험을 바탕으로 쓴 칼럼들을 모은 것입니다. 그리고 많은 사람들이 그의 이야기에 감동을 받았습니다. 그 이유는 누구처럼 '몇 년에 얼마 벌었다'라는 자기 자랑의 글이 아니라, '병신'소리를 들어가면서도 '강제집행'만은 하지 않으려고 발버둥치는 그의 진실한 모습 때문일 것입니다. _ **광명법학원 장성림 원장**

울고 웃는 실전 경매의 뒷이야기를 생생한 스토리로 엮어낸 책입니다. 저자의 풍부한 경험담이 녹아 있으며, 습기와 곰팡내에 절어 살던 저자의 성공 스토리에는 '당신도 할 수 있다'라는 희망의 메시지를 담고 있습니다. _ **명지대학교 부동산대학원 전임교수 김영선**

많은 사람들이 경매의 고수가 되기를 꿈꾸고 있지만 어렵고 힘든 것이 현실입니다. 이 책은 실전 경매에서의 어렵고 힘든 여러 가지 부분들을 자세히 알려줘 옥석을 고르는 눈을 확실하게 키워드릴 것입니다. 독자 여러분들을 부자의 반석으로 올려놓아 줄 책으로 자신 있게 추천합니다. _ **굿옥션(주) 대표 박계욱**

경매는 아무나 할 수 있어도 돈은 아무나 벌지는 못합니다. 경매를 통해 수익을 얻고자 하시는 분들이라면 이 책을 꼭 읽어보시기 바랍니다. 이 책은 경매 전문가의 정확한 분석으로 물건선정, 권리분석, 배당, 명도, 매매방법까지 실전 경매에서 성공하는 방법을 자세하게 제시하고 있습니다. _ **명지투자정보연구소 이학범 사장**

이 책은 야생화 님이 10년 동안 겪어왔던 실전 경매의 성공사례와 실패사례를 경매초보자들이 쉽고 재미있게 이해할 수 있도록 만들었습니다. 여기에 야생화 님의 배려와 섬김의 경매철학이 더해져 독자들의 허한 마음을 동시에 달래줄 것입니다.
_ **'야생화의 실전경매' 카페운영자 함성소리 님**

경매가 '따뜻하다'는 생각을 야생화 님을 만나기 전에는 못해봤습니다. 그러나 이 책을 읽어보시면 경매로도 따뜻함을 전해줄 수 있다는 것을 느낄 것입니다. 상대방의 아픔을 감싸주고 배려하는 마음은 '야생화의 실전경매' 카페의 운영 목적과 같은 마음입니다. 따뜻함이 전해지는 이 책을 적극 추천합니다. _ **'야생화의 실전경매' 카페지기 반디불이 님**

이 책은 야생화 님이 가슴으로 전하는 감동의 경매투자 이야기입니다. 이 책을 읽는 동안 독자 여러분들은 경매에 대한 불신을 지울 수 있을 것이며, '나도 할 수 있다!'라는 자신감을 갖게 될 것입니다. 또한 '아름다운 경매'가 무엇인지를 알게 될 것입니다. 경매를 통해 자신의 꿈을 이루려는 분들에게 이 책을 자신 있게 추천합니다.
_ **직장인 커뮤니티 '2jobs' 카페지기 김형로 님**

차갑고 매정한 경매시장에서 항상 낮은 자세로 임하시는 야생화 님. 쫓겨나는 세입자를 위해 이사 갈 집을 경매로 낙찰받아 준 사례는 야생화 님의 배려와 섬김의 경매철학을 가감 없이 보여준 감동적인 이야기라 할 수 있습니다. 각박한 세상에 잔잔한 감동을 안겨주는 야생화 님의 실전 경매 스토리! 격하게 추천합니다! _ **'야생화의 실전경매' 라이카 님**

어떻게든 낙찰은 한 번 받을 수 있을 것 같아도 '명도는 어떻게 하지?'하며 시작부터 은근한 두려움을 갖게 하는 경매! 그러나 여기 다른 이의 아픔까지도 마음으로 품는 따뜻한 경매가 있습니다. 아십니까? 당장은 손해 보는 듯해도 품으면 품을수록 수익도 높아지는 이상한 법칙을. 평범한 당신도 야생화 님과 함께 시작할 수 있습니다! 경매의 진수, 명도에 대한 답을 드립니다! _ **부자엄마 님**

야생화 선생님의 강의를 처음 들었던 날을 생생하게 기억합니다. 쉰 목소리와 땀과 눈물로 범벅이 된 얼굴을. 그때 느꼈던 감동을 이 책에서 다시 한 번 경험할 수 있게 돼서 감사드립니다. _재미니 님

열정적이면서도 진실함이 배어나오는 야생화 님의 향기를 느껴보시기 바랍니다. 차가운 경매 현장에서 뜨겁게 피는 한 송이 야생화가 내일의 희망을 전하는 메시지가 될 것이라 확신합니다. _서동요 님

아는 것은 많아도 경험이 없다면 그 이론은 아무런 쓸모가 없습니다. 그래서 경험만큼 값진 것은 없다고 생각합니다. 어느 누구보다도 절실하며 진실한 경험이 녹아있는 책입니다. 야생화 님의 경매인생을 간접적으로라도 체험해보시기 바랍니다. 그리고 꼭 실천해보시기 바랍니다. _생생녀 님

기회가 왔을 때 똑같은 실수를 되풀이 하지 않으려고 재테크 방법을 찾고 있던 중에 야생화 님의 칼럼을 읽고 강의를 듣게 됐습니다. 그 순간 가슴 깊은 곳으로부터 '쿵'하는 소리가 들렸습니다. 야생화 님의 열정에 감동 먹었고, 야생화 님의 순수함에 감동 먹었고, 야생화 님의 겸손과 진솔함에 감동 먹었습니다. _맑음 님

경매는 어르신들이 말씀하시던 깡패들이 득실거리고 법도 없는 세계라고 알고 있었습니다. 언론을 통해 성공 스토리가 세상에 알려지기 시작하자 관심을 가지고 알아봤지만, 경매를 당하는 사람의 아픔은 예전과 별반 다르지 않더군요. 그러나 야생화 님은 제 편견을 180도 바꿔 놓으셨습니다. 경매를 당하는 사람의 아픔을 끌어안아 함께 고민하고 해결하려는 야생화 님은 냉혹한 경매세계 따뜻한 바람을 불어넣는 선구자이십니다. _범인 님

경매는 남의 아픔을 사서 나의 기쁨으로 만드는 합법적인 과정입니다. 그러기 위해서는 경매 현장과 법정에서 치열한 두뇌 게임을 벌이고, 아름다운 명도의 과정을 꼭 거쳐야합니다. 이 우여곡절의 과정 속에서 야생화 님의 조언은 삼국지의 제갈공명이요, 경매계의 예언자였습니다. 야생화 선생님, 고맙습니다! _lucky 님

야생화 선생님의 경매 이야기에서 인생을 배웠습니다. 그리고 진정한 고수란 무엇인지도 배웠습니다. 저도 그 길을 따라 걷고 싶습니다. _하늘빛 님

철저한 임장을 통한 경매만이 실패 없는 낙찰을 가져올 것이라고 강조하는 야생화 님. 아는 만큼만 보이는 경매투자의 세계에서 과학적이고 체계적인 잣대로 성공투자의 핵심을 관통하는 훌륭한 지침서가 될 것으로 확신합니다. _보금자리 님

추운 겨울이 가면 따뜻한 봄이 오듯, 요즘 같이 어려운 시기를 견뎌내다 보면 분명 좋은 날이 찾아오리라 믿습니다. 자신의 인생을 바꿔줄 수 있는 만남을 기다리면서 열심히 준비 중이신 분들에게 야생화 님의 따뜻한 정이 전해지길 바랍니다. _소목마을 님

삭막한 땅에 외롭게 피어난 야생화 한 송이. 눈물이 많아 연약해보이지만 쓰러지지 않는 강인함이 숨겨진 분이십니다. 부동산경매라는 재테크 책 이전에 그의 인간적인 속내를 엿보고 그와 같이 울 수 있는 감동적인 책입니다. 열심히 살아온 당신에게 희망과 용기를 줄 수 있는 책으로 추천해드립니다. _아놀드 님

## 차례

**3장**

## 진정한 경매투자의 고수는 강제집행을 하지 않는다



**4장**

## 사람을 섬기면 세상은 100배의 축복으로 돌려준다

# 나는 경매투자로
# 100배의 축복을 받은 인생이다

1997년, 내가 살고 있던 지하 전셋집이 경매를 당하게 됐다. 두 눈 멀쩡히 뜨고 당한 그때의 심정을 어떻게 말로 다 표현할 수 있을까. 눈앞이 캄캄한 하루하루를 어떻게 견뎠는지 모를 정도로 고통스런 날이었다. 불행 중 다행으로 소액보증금을 돌려받기는 했지만, 그동안 힘들게 벌어온 피 같은 재산을 거의 다 날려버렸다. 나는 말 그대로 벼랑 끝에 몰린 처지였고, 이대로 주저앉는다면 정말로 죽을 수도 있겠구나 싶었다. 죽지 않기 위해서라도 다시 일어서야 했다. 하늘은 스스로 돕는 자를 돕는다고 했던가. 그때의 그 경매사건을 계기로 내 인생은 반전을 꾀하게 됐으니, 그 누가 예상이나 했겠는가!

명지대학교 증권보험대학원 특별과정을 1기로 수료한 후, 40만 원의 기본급을 받기로 하고 '명지경매' 컨설팅회사에 취직했다. 40만 원의 기본급이 말해주듯 처음에는 사무실 청소하고 잔심부름하고 온갖 허드렛일을 하는 것이 전부였다. 그렇게 바닥부터 쓸고 닦으면서 배우고, 익히고, 도전해온 지 10년이 지난 지금 '대표이사'라는 자리까지 이르렀다. 수많은 입찰과 낙찰, 그리고 명도…. 말로는 다 표현 못할 경매의 쓰라린 아픔과 슬픔을 딛고 현재의 이 자리에 서게 됐다.

경매는 동전의 양면과도 같다. 경매로 집을 갖게 되는 사람이 있으면, 경매 때문에 하루아침에 집 밖으로 내몰리는 사람들도 있기 때문이다. 10년 전의 나처럼 경매의 '경'자도 모르는 상태에서 쫓겨나가는 그들을 나는 도무지 외면할 수가 없었다. 눈 딱 감고 냉정히 처리해버리면 될 일을 괜히 어렵게 풀어간다고 주위에서 '바보'라는 소리도 수없이 들었다. 그러나 어쩌겠는가. 거기 있는 사람들은 남이 아니라 꼭 10년 전의 나와 같은 사람들인 것을.

나는 기독교인이다. 한때 신학도였던 나는 비록 '작은 마음'이지만 지금껏 내가 익힌 경매지식과 다양한 실전경험, 그리고 무엇보다 나의 진실한 마음을 나누려고 애써왔다. 보증금을 한 푼도 못 돌려받는 세입자를 만나면 같이 울며 그분의 심정에서 최대한 편의를 봐드리려고 했다. 경매를 모르는 분들을 만나서는 내가 가지고 있는

지식과 경험을 최대한 나누어드리려고 했다.

어렵고 힘든 상황을 슬기롭게 이겨나가려는 분들에게 부족하나마 나의 지식과 경험이 도움됐으면 하는 바람으로, 지난 10여 년간의 실전경험을 인터넷 카페에 칼럼으로 올리면서 독자들을 만나왔다. 모자란 내 글을 읽고 '용기'와 '희망'을 얻은 분들의 감사 댓글에 힘입어, 그동안 올린 칼럼 중 일부를 가려 모아 이렇게 책을 내게 됐다.

시중에 나온 여러 경매 관련 재테크 책을 보노라면 몇 년에 얼마 벌었다는 식의 달콤한 이야기가 대부분이다. 그러나 아는가? 그 속에 말 못할 고통과 가슴 아픈 사연이 얼마나 많이 숨어 있는지를.

경매는 분명 훌륭한 재테크 방법 중 하나다. 많은 분들이 경매를 통해 풍성한 수익을 얻은 것도 사실이다. 하지만 경매로 수익을 얻고자 뛰어들었다가 안타깝게도 수익은커녕 자신의 소중한 전 재산을 날리는 경우가 비일비재하다. 또 낙찰을 받고도 예상치 못한 일들 때문에 중도에 포기하는 경우가 허다하다.

경매는 처음에는 어렵게 느껴지고 경우에 따라서는 혹독하리만큼 값비싼 수업료를 지불해야 한다. 현황조사와 임장활동 미비, 서류 미확인 등으로 나중에 땅을 치고 후회하는 일이 왕왕 생기는 것이다. 그만큼 경매는 많은 공부와 실전경험이 필요한 재테크다.

웃음보다 눈물이 더 많았던 10년 전의 내가 경매를 통해 눈물 대신 '열정'을 얻고, 설움 대신 '배려와 섬김'으로 경매투자를 해온 결과 나는 정신적, 물질적으로 100배 이상의 축복을 받았다. 그 100배의 축복은 열심히 인생을 살고자 하는 한 인간에게 세상이 돌려준 선물이었다. 이제 그 선물을 다른 사람과 함께 나누려고 한다. 이 책에는 내가 100배 이상의 축복을 얻게 된 사연 하나하나가 담겨 있다. 지난 10년간의 경매인생이 녹아 있는 이 책이 다른 누군가에게 가서, 희망의 싹을 틔우는 소중한 씨앗이 되기를 간절히 바란다. 세상에는 공짜란 없다. 열심히 땀 흘린 만큼만 돌아온다. 요행을 바라지 않고 열심히 노력하는 분들에게 이 책이 적으나마 용기와 희망을 드릴 수 있다면 더 바랄 게 없겠다.

2009년 2월
야생화 배중렬

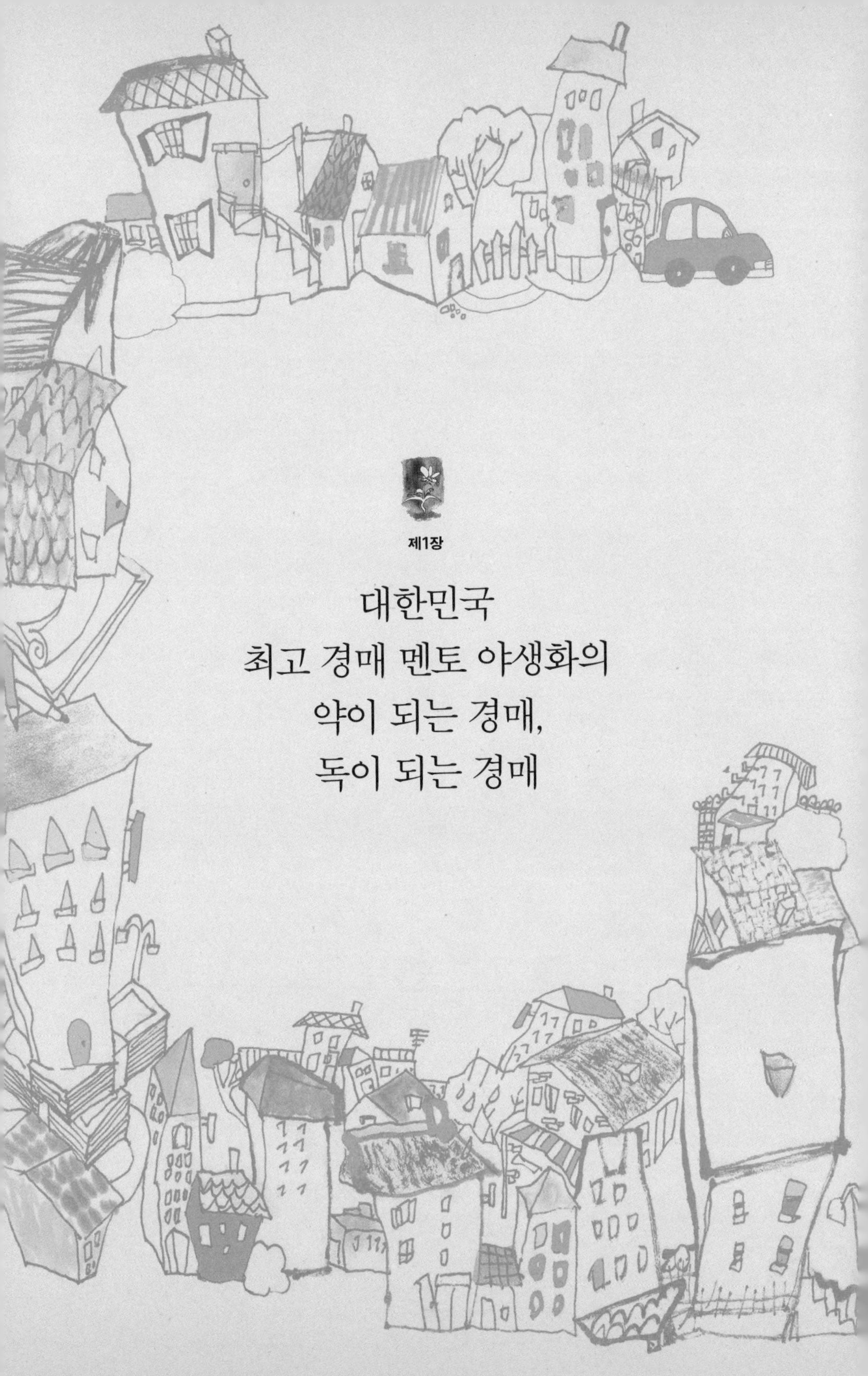



# 대한민국 최고 경매 멘토 야생화의 약이 되는 경매, 독이 되는 경매

경매의 목표는 낙찰이 아니다.
그보다 한 단계 위인 낙찰을 통해 부가가치를 얻는 것이 최종 목표인 것이다.
하지만 실전에 임하는 모습을 보면 경험 또는 지식의 개인차에 따라 희비가 엇갈리는 모습을 자주 본다.
실패는 절대로 안 된다.
부동산은 다른 재테크 수단에 비해 투자규모가 커
자칫 큰 곤경에 빠질 수도 있기 때문이다.

# 손걸레질로 명지경매의 실장이 되다

집주인 잘못으로 내가 8년 동안 살던 지하 전셋집이 경매를 당하게 됐다. 경매가 진행된다는 법원통지서를 받고 얼마나 놀랐던지…. 그리고 몇 달이 지난 어느 날, 낙찰자가 우리 집에 오자마자 내뱉은 말 한마디가 지금의 나를 이 자리에 서게 만들었다.

"일주일 안으로 안 나가면 강제집행 합니다."

나는 강제집행 한다는 말을 듣고 일주일 동안 끙끙 앓아누웠다. 방어수단도 몰랐고 도움을 요청할 이웃도 없었다. 가장 무섭고 두려운 시기였다.

시간이 많이 흘러서 지금 나는 부동산경매를 직업으로 하고 있다. 그러나 투자생활 10여 년 동안 내 입으로 '강제집행'이라는 말은 절

대 하지 않았다. 이유는 행여 상대방이 그때의 나처럼 힘들어할까
봐서다.

너무나 갑작스럽게 경매를 당하고 난 뒤 나는 경매를 배우고 싶었
다. 등기부등본조차 볼 줄 몰라서 당한 내 자신이 미웠고 한심했다.
서점에서 책을 찾아봤지만 경매 책이 지금처럼 많지 않을 때였다.
신태수 씨가 쓴《경매의 함정》이라는 책을 어렵게 구해서 읽고 또
읽었다. 마침 명지대학교 증권보험대학원에 특별과정으로 '경매학
교'가 생긴다는 소식을 우연히 듣게 됐다. 나는 수강료 99만 원을 내
고서 3개월 특별과정에 지원했고, 들어가서는 누구보다 열심히 공
부했다.


수료를 얼마 앞두지 않은 어느 날, 몇 년 전 내가 학원강사 할 때
가르쳤던 제자가 찾아왔다. 그 제자도 경매를 당해서 이곳저곳 알아
보려고 발버둥을 쳤지만 법무사도 중개인도 정확한 해답을 알려주
지 않아 머리를 싸매고 있었단다. 그러던 중에 내가 경매를 배운다
는 소식을 어디선가 듣고 다급하게 찾아온 것이다.

그러나 어이하리. 몇 달간 열심히 배웠다고 하지만 머릿속에서만
맴돌 뿐 무슨 말을 해줄 수도 없었다. 다행히 같이 공부했던 분들 중
에 경매를 현업으로 하시는 분이 계셔서 물어물어 해답을 알려줬지
만 제자에게 얼마나 미안했는지 모른다. 나 자신은 또 얼마나 한심
스러운지….

‘경매학교’를 수료하고 이름깨나 있는 여러 분들에게 실전을 가르쳐달라고 부탁했지만 투자금도 없고 실력도 없는 나를 받아주는 곳은 없었다.

그러던 어느 날, 현업을 하시던 분들 중에 ‘최 이사님’이라는 분으로부터 연락이 왔다. 투자자 중에서 몇 분이 법원경매 사무실을 여는데 그곳에서 일해보지 않겠냐는 제안이었다. 드디어 경매를 제대로 배워볼 기회가 생긴 것이다.


1998년, ‘명지경매’에 기본급 40만 원을 받기로 하고 입사를 했다. 그러나 한 달이 지나가도 사무실 키를 주지 않는다. 사무실 밖에서 덜덜 떨다가 사장님이나 이사님들이 오시면 그때서야 들어가서, 언 손을 녹일 새도 없이 40평 크기의 사무실을 청소했다. 그렇게 몇 달이 지나도 내가 하는 일은 그대로였다. 하루 종일 청소하고 잔심부름하는 일이 전부였는데, 가끔 궁금한 것을 물어봐도 누구 하나 제대로 가르쳐주는 사람이 없었다.

내가 학원 선생 자리까지 버리고 경매회사에 들어온 이유가 뭐였겠는가. 호가제(가격을 직접 부르며 경쟁하는 방식) 시절부터 경매를 해온 이분들의 노하우를 전수 받으려는 꿈이 있었기 때문이지만, 그 꿈은 차츰 내게서 멀어져 갔다.

하루하루 찬밥 신세를 견디던 어느 날, 몇 날 며칠을 고민한 끝에 나는 이분들의 마음을 돌리기 위해 나를 먼저 낮추기로 마음먹었다.

그분들을 정성껏 섬기는 모습을 보이기로 했다. 40평 크기의 사무실을 손걸레로 무릎을 꿇고서 닦았다. 대걸레로 하면 20분이면 끝나는 청소를 손걸레로 하니 한 시간이 넘게 걸렸다. 추운 겨울이라서 물은 얼음처럼 찼다. 손이 얼어 펴지지도 않았지만 나는 밖으로 내색을 하지 않고 이분들의 마음을 열기 위해 매일매일 손걸레로만 청소를 했다.

그렇게 청소를 하자 이사님들은 핀잔 섞인 소리를 하시면서 말렸다. 그래도 나는 무릎을 꿇고 손걸레로 청소를 계속했고, 3개월이 지나자 사장님은 내게 사무실 키를 주셨다. 게다가 사무실 비용처리를 담당하는 총무실장 자리까지 맡겼다. 그때부터 내 직책은 '실장'이 됐다.


사무실 키를 받고 사무실 운영을 책임지는 실장이 됐지만, 월급 40만 원으로 생활이 될 리 만무했다. 회사를 그만둘지 곰곰이 생각하다가, 사장님과 이사님들이 낙찰받은 물건을 부동산에 내놓고 그 물건이 팔리면 복비를 몇 배씩 주는 것을 보았다. 내가 매매를 알선해줘도 복비를 줄 수 있느냐고 여쭸더니 허락을 하신다.

나는 벽보작업을 시작했다. 매매해야 하는 물건지를 중심으로, 사방 2킬로미터 거리의 전봇대와 벽면에다 하루에 100장 이상씩 광고를 붙였다. 동사무소에서 나온 청소하는 아줌마들이 벽보를 떼면 그 다음 날 떨어진 곳에 가서 다시 붙였다. 지나가는 사람들이 불쌍한 눈으로 자꾸만 쳐다봤다.

　나는 스스로 일어설 수 있는 방법이 이것밖에 없다는 걸 잘 알면서도 왠지 모를 설움에 북받쳐 울기도 많이 울었다. 하지만 설움을 이겨낸 열정이 통했는지 매번 광고작업이 끝나면 매매 체결이라는 성과로 이어졌다. 그 후 이사님들은 매매할 물건이 있으면 나에게만 내놓으셨다.

# 취중 경매수업

　명지경매에 입사한 지 1년이 넘어가는데 아무도 내게 경매를 가르쳐주지 않는다. 한 달에 몇 개씩 낙찰을 받는 사장님이나 전무님은 물론이고, '태인경매'에서 옮겨 온 노 부장님도 마찬가지다. 그들은 평상시에는 친절하게 대해준다. 그러나 경매에 대해 이것저것 물어보면 대충 이야기하고 자리를 피했다. 나는 집 지키는 똥개처럼 매일 회사에서 청소만 하고 몇십 번을 읽어서 너덜너덜해진 《경매의 함정》이라는 책만 보고 또 봤다.

　이사님이나 부장님들이 자신들이 낙찰받은 물건들에 대한 수익분석과 앞으로의 전망에 대해 이야기를 나눌 때, 그 이야기를 들으려고 슬그머니 곁에 가서 앉으면 무언가 자신들만 아는 노하우를 뺏긴다고 생각하는지 화를 내면서 이렇게 말씀하신다.

"너 우리 회사 들어온 지 얼마나 됐냐?"

"네, 1년이 다 돼갑니다."

이사님들은 경매법정에서 경매가 진행되는 과정을 견학하면서 회사 명함을 뿌리는 영업사원 역할을 1년 하고, 사무실에서 윤 경 판사님이 쓴 경매 책을 1년은 공부한 뒤라야 경매를 가르쳐준다고 하신다. 그러면서 손을 휙 저으며 이 똥개를 그 자리에서 쫓아낸다.

서러웠다. 너무 서러웠다. 돈이 없어 경매 회사에 들어와 고수들에게 뭔가 하나라도 배워보려는 내 자신의 계획이 무산됨도 아니요, 성실하게 일하면 인정받을 거라고 생각해서 그동안의 홀대를 참아가며 버틴 내 자신의 희망이 무너짐도 아니었다. 내가 뭔가 이곳에 대한 권리분석을 잘못한 것이 문제라고 생각했다.

그렇다. 이곳은 세상 사람들이 손가락질하는 경매브로커들의 사무실이다. 나는 실전 경매를 배우려고 들어온 것이다. 다만 아직 때가 이르지 않았기에 나를 파트너로 인정하지 않는 것이리라. 이렇게 생각하니 그동안 쌓였던 섭섭함과 진로에 대한 불안감을 지울 수가 있었다.


그런 일이 있고 난 후 나는 한 사람을 정해 그 사람을 나의 스승으로 삼기로 했다. 노경수 부장. 나이는 나보다 한 살 많았지만 나를 친구처럼 대해주시던 부장님. 나는 술이라도 대접하면 그분이 알고 있는 자신만의 경매 노하우를 알려줄 것이라 생각했다. 소주를 마시면서 작은 경매정보라도 얻어 보려 했지만 내 예상은 빗나갔다. 1차를 마치고 2차를 가서도 전혀 경매에 대한 이야기를 하지 않으셨다.

마시지도 못하는 소주를 앞에 두고 두 눈만 껌뻑거리고 있는데, 그새 술이 오르셨는지 노 부장님이 혀 꼬인 목소리로 말씀하신다.

"배 실장, 어제 내가 낙찰받은 거, 왜 받았는지 알아?"

"……."

"며칠 전에 사장님이 받은 땅은?"

"……."

"임 전무님이 낙찰받은 녹번동 빌라는?"

"……."


노 부장님은 술기운에 기분이 좋으셔서 자신이 갖고 있던 경매 노하우를, 아니 그동안 숨겨 왔던 고수들의 낙찰기를 하나씩 들려주신다. 나는 그렇게 경매를 배우기 시작했다.

# 깍두기의 의리

‘두두둑, 두당, 두당’ 목조계단이 부서지는 것 같은 이 소리는? 서부지방법원 건너편 건물 2층에 자리한 명지경매 사무실로 허겁지겁 뛰어올라온 사람은 가죽점퍼를 입은 ‘깍두기’였다. 그가 사무실에 홀로 앉아 있는 병아리 경매브로커 앞에 서서 이렇게 말한다.

“우리 형님이 이리로 가보라 해서 왔는디요.”

“형님이요? 그 형님이 누구신데요?”

“아~ 쩌거(서부지방법원 건물) 안 보이요? 아~ 쩌기에 있는 우리 형님이 여기로 가보라 해서 왔소.”

교도소에서 형기를 마치고 나올 때, 담당 검사가 “나중에 뭔 일 있으면 찾아와”라고 한 말을 믿고 자기가 사는 집이 경매를 당하자 도움을 요청했다고 한다. 그런데 그 검사가 변호사도 법무사도 찾아가지 말고 경매브로커 사무실로 가라고 했단다. 그런 문제는 경매브로커들이 제일 잘 안다고 하면서…. 사무실에 조언을 해줄 만한 고수들이 부재중이라 입사 5개 월차 병아리 경매브로커인 내가 자문을 맡게 됐다.

핵심은 이랬다. 1년 전에 새 차를 뽑았는데 재수 없게도 번호가 4444로 나왔단다. 차 번호를 바꾸려고 세대주인 조폭 아빠만 주소를 서울에서 고양시로 옮겨서, 새 번호를 받고 서울로 다시 돌아왔다고 한다. 1년이 지난 지금 자기가 전세로 살고 있는 집(전세 1억)에 후순위로 근저당이 들어왔는데, 그 근저당권자가 경매를 신청했단다.

자신이 전세 살고 있는 집(확정일자가 전입일자와 동일)이 경매 진행 중이라는 법원 안내문을 보고, 순진한 조폭 아빠는 맘 편히 잠을 못 자고 알 만한 곳을 며칠 동안 찾아다녀봤지만 시원한 답을 얻지 못했단다. '세대주의 일시 주소 이전'이 대항력에 영향을 미칠까? 확실한 대답을 듣고자 검찰 형님을 찾아간 것이고, 지금 나와 이렇게 마주하게 된 것이다.

내게 뭔가 큰 것을 기대하는 눈빛이다. 나는 단도직입적으로 말했다.

"배당 나옵니다. 당신은 선순위라 낙찰을 받은 사람이 와도 대항할 수 있는 권리가 있습니다."

나름대로 조리를 가지고 설명하는 내 말에 신뢰가 가는지 순진한 조폭 얼굴빛이 환해진다.

"선상님을 만나 애글 들으니 그동안 맥혔던 것이 쪼까 뚫리네요잉. 고맙소."

그리고 두 달이 지났다. 2층 목조계단이 부서지는 것 같은 소리에 사무실에 앉아 있던 사장님 이하 직원들 모두가 문 쪽을 바라보고 있다. 조폭들이 한 명, 두 명, 세 명…. 약 열 명 정도 사무실에 들어오자 우리들은 서로 얼굴만 쳐다본 채 그대로 얼어붙었다. 그때 누군가가 내 앞에 서서 큰 어깨를 숙이며 "선상님 감사합니다." 인사를 한다. 그와 동시에 함께 온 조폭 열 명이 모두 똑같이 목례를 하면서 "감사합니다." 합창을 한다. 그 조폭이 다시 찾아온 것이다. 오늘 전액 배당이 나와서 고맙다는 인사를 하러 온 것이다.

식사를 대접하겠다는 말에 사장님 이하 직원들 누구도 나서지 않았다. 막내인 나만 대접을 후하게 받고 금일봉까지 받고 돌아왔다. 그 후 어느 누구도 사무실에서 내게 함부로 하는 사람이 없어졌다. "병신 그것도 못해!"를 수없이 내뱉었던 사장님도, "니가 알면 뭘 알아!" 하며 구석에 있던 나를 마음 아프게 했던 김 이사도, 더 이상 그런 말을 하지 않았다.

# 누구 탓을 하랴

　입사한 지 1년이 지난 1999년, 경매 당했던 집에서 최우선변제금 1,200만 원을 배당받고 그 돈으로는 이사할 데가 없어서, 보증금 1,500만 원에 월세 20만 원으로 낙찰자와 1년 계약을 하고 살고 있을 때였다. 보증금을 빼서 경매로 내 집을 마련하고 싶었지만 계약 기간이 지났는데도 집주인은 보증금을 내주려 하지 않는다. 나가려면 직접 보증금을 빼서 나가라고 한다. 지하도 너무 지하라 누구도 들어오려 하지 않았기 때문이다. 나는 하는 수 없이 전세금 반환소송을 했고, 당연히 승소했다.

　그제야 집주인은 두 달 뒤에 보증금 1,500만 원을 줄 테니 그사이 방을 알아보라고 한다. 기회는 이때다 싶었다. 보증금 문제가 해결

될 기미가 보이자 물건 검색을 했다. 내가 월세로 살던 명지대학교 인근 홍은동에 감정가 6,000만 원에서 2회 유찰돼 3,840만 원에 나온 12평짜리 빌라가 마음에 든다. 그 집에 가봤지만 떨려서 문도 두드리지도 못하고 밖에서만 쳐다보고 돌아왔다. 그 후 몇 번을 더 가봤지만 역시 그냥 둘러보고만 올 수밖에 없었다.

주변 시세가 5,200만 원 정도. 최저가에서 240만 원을 더해 4,080만 원에 입찰하기로 했다. 문제는 입찰보증금이었다. 당시 내 손에 쥔 돈은 300여만 원이 전부였고, 입찰보증금은 408만 원이었다.(2002년 7월 1일 기준, 구법사건의 경우 입찰보증금은 최저경매가의 10퍼센트가 아니라, 본인 입찰가의 10퍼센트였다) 부족한 돈 100만 원을 구하려 해도 누구에게 부탁을 해야 할지 막막했다. 팔순 노모를 모시고 사는 형님에게는 말씀드리기가 어려웠다. 4남 2녀 중 막내인 나로서는 형제지간에 손을 벌리는 것이 싫었다. 그때는 정말 별 궁리를 다했다.

그러던 중 문득 동네 슈퍼마켓 아저씨가 생각이 났다. 슈퍼에 갈 때마다 항상 친절하게 대해주시던 그분에게 찾아가서 내 사정을 이야기하려고 하는데, 그날따라 잘 나오지 않던 사모님이 나와 계신다. 하는 수 없이 몇 시간을 기다렸다. 마침내 사모님이 안 보인다. 그때서야 고개를 숙인 채로 아저씨에게 다가가 1,500만 원 계약서를 내밀며 말했다.

"아저씨, 제가 100만 원이 필요합니다. 집주인이 두 달 뒤에 보증금을 내준다고 하니 그때 갚겠습니다. 이것을 맡아주시고 저에게 100만 원만 두 달간 차용해주십시오."

그렇게 얘기하는데 나도 모르게 북받쳐 올라오는 감정 때문에 그분 앞에서 펑펑 울고 말았다. 울음을 그치질 않자 아저씨는 참으로 난감한 표정을 지으며,

"이 계약서는 필요 없고, 두 달 뒤에 갚겠다고 했으니 차용증 한 장만 쓰게."


그렇게 100만 원을 더해 입찰을 했다. 이상하게도 아무도 들어오지 않아 나 혼자 단독으로 낙찰받았다. 몇 명은 들어올 줄 알았던 물건에 나 혼자만 입찰한 것이 못내 불안해서, 낙찰받은 집에 다시 찾아가 문을 두드렸지만 전 소유자는 만날 수 없었다.

불안한 마음으로 잔금을 대출받아 처리하고 비 오는 어느 날 다시 찾아갔다. 전 소유자가 문을 열어준다. 문을 열고 들어가는 입구 창문에서 비가 줄줄 샌다. 거실 겸 주방 천장에서도 물이 떨어져 양동이를 받치고 있다. 전 주인은 이렇게 물이 새는 집을 어쩌려고 낙찰받았냐고 하면서 불쌍한 눈으로 나를 쳐다본다.

말문이 막힌 나는 집 안 이곳저곳을 둘러보면서 생각했다.

'겨우 이런 집을 낙찰받으려고 그렇게 울고불며 돈까지 빌렸단 말인가. 그것도 겨우 100만 원을⋯'

전 소유자와 몇 마디 나누지도 못하고 대문을 나서는데, 갑자기 울고 싶어졌다. 아니, 소리치고 싶었다. 누구는 경매로 내 집도 마련하고 수익도 많이 내서 부자가 됐다고 하는데, 나는 재수가 없는지 처음 낙찰받은 집이 물이 줄줄 새고 있는 것이다.

전 주인은 내게 이사비용을 150만 원이나 받아 나가면서 위로하듯 이렇게 말한다.

"상심하지 마세요. 1,000만 원 정도 주면 고칠 수 있을 겁니다."

'아니, 누구 약 올리나?'

낙찰가가 4,080만 원에 등록세, 취득세 비용으로 약 200만 원이 들어갔고, 이사비용도 150만 원이 들어가서 벌써 4,500만 원 가까이 깨졌는데, 거기다가 수리비용 1,000만 원이 들어가면 시세보다 비싼 5,500만 원이 되는 것이다.

암담한 마음을 가다듬고 나는 여기저기 아는 분들을 찾아가서 도움을 요청했다. 불행 중 다행으로 300만 원에 공사를 마칠 수 있었고, 운 좋게도 4,800만 원에 그 집을 사겠다는 사람이 있어서 바로 되팔았다.

경매로 나온 집을 직접 들어가 보지 않고 입찰하면 어떤 결과가 기다리고 있는지를 뼈저리게 느끼게 해준 경험이었다.

# 경매의 목표는 낙찰이 아니다

경매는 결코 손쉬운 돈벌이가 아니다. 한 번이라도 경매를 실전에서 접해본 사람이라면 경매가 쉽다는 말은 하지 못할 것이다. 그만큼 이론과 실전의 차이가 큰 것이 경매라고 할 수 있다. 나 역시 그동안 경매법정에 수백 번을 갔지만 한시도 긴장감을 늦춰본 적이 없다. 수없이 입찰에 참여했으면서도 매번 입찰 때면 나도 모르게 긴장하곤 한다.

특히 금액이 크거나 함정으로 보이는 것들이 두세 개 정도 겹쳐 있는 물건을 접할 때면, 등줄기에 식은땀이 흘러내릴 정도로 기분이 오싹해진다. 경매는 매각기일에 최고가 매수신고인으로 결정됐을 때 기본적인 수익률 또한 거의 결정이 된다. 잘한 건지 그렇지 않은 건지는 십중팔구 그때 결정이 난다는 말이다.

내가 물건을 샀는데 매도가 잘되지 않는 이유는 간단하다. 잘 팔리지 않는 물건을 선택했기 때문이다. 내가 좋으면 남도 좋다는 말이 있지만 경매에선 반대로 생각해야 한다. 상대방 입장에서 좋아야 내게도 좋은 것이다.

그리고 시대의 흐름을 보는 눈이 있어야 한다. 특히 요즘은 경기침체와 경기불황에 대비해야 한다. 사고 싶어도 돈이 없는 경우가 많다. 즉, 물건은 많고 돈은 적은 매수자 시장이 다가오고 있는 것이다. 개발정보가 있는 지역이거나 향후 발전가능성이 있는 지역(뉴타운, 지하철 역세권, 그린벨트 해제예정지 등)이라면 과감한 투자패턴이 필요하지만, 그렇지 않다면 하락 또는 보합의 관점에서 차분하고 냉정한 투자를 권한다.


경매물건을 파악하고 분석할 때는 보수적으로 진행하는 것이 바람직하다. 경매시장에서는 입찰보증금을 날린 사람도 많고, 낙찰 이후 잔금을 치르고도 명도소송을 비롯해 각종 항고, 재항고 등으로 지루한 법정싸움에 허덕이는 사람도 허다하다.

200×년 ×월 의정부지방법원에서 진행된 경매물건을 살펴보면 주택이 총 15건이었는데, 이 중 입찰보증금으로 20퍼센트를 내야 하는 재경매 사건이 3건이었다. 따라서 낙찰받은 물건을 포기하는 대가로 10퍼센트의 입찰보증금을 날린 사람이 5분의 1이나 된다는 것

을 한눈에 알 수 있다. 정확한 통계는 없으나 이를 전국적으로 추산하면 그 수가 헤아릴 수 없이 많을 것이다.

몇천만 원 되는 부동산의 10퍼센트 정도는 포기할 수도 있겠지만 문제는 몇억 원이 넘어가는 부동산에 있다. 5억 원짜리 부동산을 낙찰받았다면 이 사람은 5,000만 원을 날리게 되는 셈이니, 이 얼마나 안타까운 일인가.

이렇게 낙찰을 받고서도 중도에 경매를 포기하게 되는 이유는 무엇일까? 여러 이유가 있겠지만 입찰하기 전 임장을 제대로 하지 않았던 데서 가장 큰 원인을 찾을 수 있다. 임장을 제대로 하지 않는 유형도 여러 가지다.

1) 대충 얼마 정도 시세가 갈 것이라고 판단하는 '대충형', 2) 부동산 앞면 유리창에 붙여 놓은 가격 그대로 시세를 파악하는 '눈팅형', 3) 방 안에서 유료경매정보 사이트에 올라온 사진 자료만 보고 그것이 전부인 양 믿어 버리는 '방콕형', 4) 물건에 대한 시세정보와 앞으로의 전망을 꼼꼼히 따져보고 수익성 검토를 마친 후에야 입찰을 하는 것인데, 무조건 들어가고 보는 '들이대기형'.


경매의 목표는 낙찰이 아니다. 그보다 한 단계 위인 낙찰을 통해 부가가치를 얻는 것이 최종 목표인 것이다. 하지만 실전에 임하는 모습을 보면 경험 또는 지식의 개인차에 따라 희비가 엇갈리는 모습을 자주 본다. 실패는 절대로 안 된다. 부동산은 다른 재테크 수단에

비해 투자규모가 커 자칫 큰 곤경에 빠질 수도 있기 때문이다.

그래서 성실한 삶의 태도가 무엇보다 중요하다. 항상 준비하고 남보다 노력하는 자세를 유지한다면 자신이 꿈꾸는 삶을 분명 이룰 수 있을 것이다.

# 발품을 팔아야 틈새시장이 보인다

경매이건 공매이건, 중개업소를 통한 거래이건 간에 투자용도로 부동산을 고르기란 만만치가 않은 문제다. 어떤 분은 경매강좌를 세 번이나 듣고 경매정보지도 구독했으나 발품을 팔며 물건을 고르기가 너무 힘들어 포기했다고 한다. 내가 사용하는 방법을 한 가지 소개한다.

투자용 부동산을 고르는 것은 사실 주식투자와 비슷한 점이 많다. 나는 특정 지역의 번지만 말해 줘도 대강의 위치와 거래가격을 댈 수 있다. 이것은 마치 주식에서 어떤 종목에 대해 과거 수년 동안의 등락 변화를 기억하고 있는 것과 마찬가지이다. 잘 모르는 회사의 주식을 사지 않듯이, 나는 아무리 투자가치가 있어 보이는 부동산일

지라도 잘 모르는 지역에 위치하거나 거리가 먼 곳에 위치해서 관리
상 어려움이 예상되면 관심을 갖지 않는다.

투자를 하려면 우선은 관심을 집중시켜야 한다. 먼저 자신이 잘
알거나 관심이 있는 지역을 몇 군데 골라 종종 구경삼아 돌아다녀
라. 그리고 그곳의 지적도와 행정구역도를 지도 판매소에서 구입하
라. 서울의 경우 교보문고에서도 구입할 수 있다. 인터넷의 지도 사
이트들은 정확한 번지를 보여주지 않으나 축적 5,000분의 1 지적도
에는 상세한 번지수가 나오며, 행정구역도에는 주요 건물과 등고선
등이 표시돼 있다. 경매정보지는 나도 한때 구독하기도 했지만 지금
은 인터넷 시대다. 인터넷에서 경매 부동산을 검색하고 수많은 경매
정보 사이트를 통해 필요한 정보를 찾아보라.

관심지역에서 어떠한 물건들이 경매시장에 나오는지 확인했으면
지적도를 보면서 정확히 그 위치를 파악해둬야 한다. 대부분의 과정
이 컴퓨터 앞에서 진행되기 때문에 시간의 제약을 받지 않으며 검색
이 숙달되면 하루에 5분도 걸리지 않는다. 그러나 그걸로 끝이 아니
라는 사실! 제발 '눈팅'으로만 확인하지 말고 현장을 꼭 찾아가서 직
접 보고 판단하라.


티끌 모아 태산이 되듯 발품을 팔다 보면 틈새시장이 보이고 거기
서 좋은 물건을 가려낼 수 있다. 명지경매에서 처음으로 내게 경매
를 가르쳐주셨던 노 부장님도 끈질긴 발품 덕분에 큰 수익을 얻은

사례가 있다.

은평구 대조동에 있는 낡은 빌라로, 건평 17평, 대지 11평짜리를 8,700만 원에 낙찰받았는데 시세는 1억 2,000만 원 안쪽이었다. 지하철역에서 1분 거리에 있으며 빌라 옆의 4미터 도로 안쪽은 일반상업지역이고 바깥쪽은 일반주거지역이었다. 그런데 일반상업지역의 건물 중 이 빌라만 상업지역과 주거지역에 걸쳐 있었다.

'빙고!'

진짜 대박 물건이다. 고수들도 몇 년에 한 번꼴로 낙찰을 받는다는 그런 물건이다. 그러면 왜 그 물건이 대박 물건인지 알아보자. 일반주거지역은 건폐율이 50~60퍼센트, 용적률이 150~250퍼센트이다. 그러나 일반상업지역은 건폐율이 60퍼센트, 용적률이 800퍼센트로 천지 차이다. 게다가 일반주거지역을 일반상업지역으로 흡수해서 지으면, 결국 일반상업지역으로 용도가 변경돼 땅값에도 큰 차이를 보이는 것이다.

통계를 보면 일반주거지역의 평당 가격이 500여만 원인데 일반상업지역의 평당 가격은 1,500여만 원에 이른다. 즉, 노 부장님이 낙찰받은 빌라는 자체적으로 개발할 필요도 없고 지하철역세권 주변이기 때문에, 대형 상가가 들어설 때 배짱을 튕겨 가며 팔면 된다. 2008년 기준으로 대조동 빌라 전세가만 해도 실평수 18평에 9,000만 원이었다.

노 부장님은 대조동 빌라의 투자금은 전세금으로 이미 회수했고

2008년 초에 청평에 있는 단독주택을 매입했다. 그런데 이것도 상업지역과 주거지역에 걸쳐 있는 주택이란다.

땀과 발품이 어우러질 때 그때서야 수익을 얻는다. 내가 지하세대만 3년간 발품을 팔아 큰 수익을 남길 수 있었던 것도 다 발바닥에 맺힌 땀방울 덕분이었다.

# 현장조사 이렇게 해라

경매 고수들이 임장하는 방법을 살펴보면 초보자들과 많은 부분에서 차이가 난다. 내가 명지경매에 입사해 1년 동안 사무실만 지켜야 했던 것은 선배님들이 낮 동안 거의 사무실에 계시지 않아서이기도 했다.

'돈은 현장에 있다.'

'수익은 임장에 따라 달라진다.'

선배님들로부터 이런 소리를 귀가 따갑게 들었다. 실제로 내가 임장을 나가려고 하자 어떤 선배님은 이론이 준비되지 않은 상태에서 현장에 나가면 권리관계를 소홀히 다루게 되고, 수익에만 욕심을 내기 때문에 잘못하면 자신의 전 재산을 한 방에 날릴 수 있다고 경고 하셨다. 그보다는 먼저 내공을 쌓으라고 하셔서 권리분석 하는 방법과 배당만 배우면서 사무실을 지켰다. 덕분에 명지경매에 입사한 지 3년이 지난 뒤에야 선배님들로부터 임장하는 법을 배울 수 있었다.

그동안의 경험에서 얻은 '임장 잘하는 방법'을 정리하면 다음과 같다.


### 관심이 있는 물건이 있으면 먼저 프린트를 한다

관심이 있는 물건이 있어도 대부분의 사람들은 경매정보 사이트에 '관심물건 등록'을 해놓거나 아니면 그냥 스쳐 지나가는 경우가 대부분이다. 그러나 프린트를 해서 들고 다니다가 계속 보게 되면, 처음에는 알지 못했던 부분들이 눈에 들어오고 각인도 돼 그 물건에 대해 많은 부분을 살펴볼 수 있다.


### 조사보고서를 만든다

경매정보 사이트나 대법원 경매 사이트에 올라온 정보를 프린트해서 달랑 그것만 들고 임장을 나가는 사람들을 볼 수 있는데, 그런 사람들을 볼 때마다 안타까운 마음을 금할 길 없다. 내가 들어갈 물건이라면, 아니 임장을 통해 수익을 극대화하려고 한다면 사전 준비가 철저해야 한다.

우선은 집행관이 작성한 '현황조사서'와 감정평가사가 작성한 '감정평가서'를 참조해, 중요한 내용을 중심으로 조사보고서를 작성한다. 또 경매에서 가장 중요하다는 '매각물건명세서'도 면밀히 살펴보고 중요 내용을 조사보고서에 첨부한다. 그 자료를 바탕으로 가상 시나리오를 짜서 어떤 방법으로 임장에 임할 것이며 무엇을 중요하게 살펴볼 것인지를 면밀하게 검토해야 한다.

## 반드시 내부를 확인한다

경매의 단점 중 하나가 경매로 나온 집을 자유롭게 보지 못한다는 것이다. 일반 아파트는 구조가 비슷하기에 방향이나 층만 잘 살펴보아도 대강은 내부구조를 짐작할 수 있지만, 다세대인 경우는 집집마다 구조가 달라서 짐작조차 쉽지가 않다. 가끔 내부에 중대한 하자가 있는 것도 모른 채 낙찰을 받아 고생하는 사람들이 많다는 걸 초보자들은 잘 모르리라.

지층만 습기가 올라온다고 생각하는가? 천장에서 떨어지는 누수 때문에 고생은 안 해봤는가? 구조도가 잘못된 것도 모른 채 낙찰을 받아서 매매를 하려 해도 팔리지 않아 마음고생, 몸 고생 하는 이들이 얼마나 많은지 아는가? 명도를 하고 나서도 수리할 부분이 너무 많아, 앞으로 남고 뒤로 밑지는 사람들의 한숨소리는 안 들리는가? 사랑에 빠지면 눈에 뭐가 씐다고 하던데 경매도 마찬가지다. 임장을 등한시한 채 욕심만 부리다가 울고 있는 이들이 어디 한둘이던가?

경매를 오래 하신 분들이 많이 쓰는 방법은 '들이대' 정신으로 초인종부터 누르는 것이다. 안에서 누구냐고 물어볼 때 큰 소리로 "법

원에서 나왔습니다."라고 말하면 대부분 문을 열어준다. 그때 왼발
이나 오른발을 힘차게 밀어 넣고 "아 네, 법원경매 때문에 왔습니
다."라고 말한다. 그러면 십중팔구는 욕을 해대거나 인상을 쓰면서
문을 닫으려 한다.

그때 왼발이나 오른발을 들이민 틈새를 이용해서 그 집의 구조와
습기 문제, 그리고 등이나 벽지, 장판, 싱크대 교체 여부를 짧은 시간
안에 살펴보아야 한다. 문을 닫으려 하는 힘 때문에 발이 아파오더
라도, 인상을 쓰면서 험한 욕을 하더라도 참아내야 한다.

### 주변 환경을 살펴본다

그렇게 집 내부를 어렵게라도 확인했다면 이후에는 경매가 나온
집을 중심으로 사방 2킬로미터 정도 도로를 따라 걸으면서 주변 환
경을 살펴본다. 그리고 인근 지역 부동산에 들러서 전세 나온 물건
을 찾는 것으로 시작해 나중엔 매수도 고려한다는 식으로 접근을 한
다. 이때 유념해야 할 것은 시세 파악만 하려고 거짓된 매수자를 사
칭하면, 스스로 양심에 찔려서 집중적으로 그곳 시세나 지역의 향방
에 대해 알아볼 수가 없다.

그래서 경매를 오래 한 선배님들은 시세 파악을 하기 위해 해당지
역 부동산에 갈 때면 꼭 보증금 일부라도 돈을 가지고 간다. 즉 급매
물건이나 수익이 많은 물건이 있을 때, 일반 물건이라도 계약할 수
있다는 자신감에서 출발하면 순조롭게 많은 정보를 얻어낼 수 있다.

만약 경매를 통하는 것보다 더 많은 수익을 얻을 수 있다는 확신이 서면 일반 물건이라도 계약을 할 수 있어야 한다.

### 정보를 지속적으로 업데이트한다

이렇게 임장을 하면서 얻은 정보나 자료는 해당물건에 입찰을 안 하더라도, 혹은 입찰을 했다가 떨어지더라도 오랫동안 보관한다. 나중에 해당지역의 물건이 경매에 나오면 참고하고 보충하는 식으로 나만의 경매투자 자료집을 만들어둬야 한다. 언젠가 다시 써먹을 때가 올 것이다.

# 미래가치보다
# 현재가치가 더 중요하다

경매물건이 일반시세보다 낮게 감정된다고 믿거나 그렇게 알고 있는 사람들이 많다. 그런 경우도 있지만 대부분은 오히려 더 높은 편이다. 부동산이 경매에 붙여지면 법원의 명령으로 감정평가사가 해당 부동산의 현장에 나가 이것저것 따져보고 감정한 가격을 법원에 보고한다. 법원은 이때 보고된 가격을 통상 첫 회 입찰가격으로 삼는다.

부동산을 감정할 때는 일반적으로 '거래사례비교법'을 쓴다. 즉 인근의 유사한 부동산의 거래가 있었다면 거래 시기와 가격을 참고해서 해당 부동산에 적용(더하고 빼기)해 부동산 감정가격을 산정하는 것이다. 감정평가사의 주관적 판단이 개입할 여지가 많고, 부동산 가격 변동이 심할 때는 정확성이 떨어지는 단점이 있다. 전국적으로 거래시세가 매주 파악되고 발표되는 아파트라면 논란의 여지가 적겠지만, 거래가 빈번하지 않은 연립이나 단독주택은 시세와 감정가격이 일치하지 않는 경우가 많다.

법원 감정가격이 시세보다 비싸게 감정된다면 모두가 즐겁다. 채권자는 채권을 조금이라도 더 회수할 수 있고, 임차인은 전세보증금을 조금이라도 더 확보할 수 있으며, 감정평가사는 감정가격을 기초로 수수료를 받기 때문이다. 일반적으로 감정가격 수준은 시세의 약 110퍼센트 내외에서 결정된다. 또 감정시점과 입찰시점 사이에 시차(4~7개월)가 발생한다는 점도 고려해야 한다.

따라서 입찰하려는 물건을 찾게 되면 법원 감정가격은 참고자료로만 보고 정확한 시세는 본인이 파악해야 한다. 해당 물건이 아파트라면 전문 사이트를 검색하는 것으로 어느 정도 확인이 가능하지만, 그렇지 않은 경우엔 최소 두 군데 이상의 중개업소를 통해 확인해야 한다. 사려는 입장에서 두 군데 이상, 팔려는 입장에서 두 군데 이상, 그리고 전세를 얻으려는 입장에서, 또 반대로 전세를 주려는 입장에서 확인하는 등, 여러 각도에서 접근하면 보다 정확한 시세를 파악할 수 있다.


그러나 본인이 직접 발로 뛰어 시세를 파악했다 해도 높은 가격에 낙찰받는 사람들이 있다. 그것은 낙찰받은 지역이 재개발되거나 재건축이 돼서 몇 년이 지나면 수익을 안겨줄 것이라 믿기 때문이다.

그러나 이렇게 시세보다 높게 낙찰받는 사람들이 간과하기 쉬운 것이 하나 있다. 경매는 미래가치도 중요하지만 그보다 먼저 현재가치에서도 어느 정도 남아야 안전한데, 현재가치에는 수익이 없고 미래가치만 내다보고 투자한다면 너무 위험하다는 사실이다.

수익을 바라지 않고 경매로 재테크를 하는 사람은 없을 것이다. 그러나 현실은 그렇게 호락호락하지가 않다. 막상 물건을 팔려고 내놓으면 자신이 낙찰받은 금액보다 높게 팔리지 않는 경우가 많다.

몇 달 전, 가평군 지역에 관심을 가지고 물건 검색을 할 때였다. 가평군 현리에 감정가 3,000만 원의 빌라가 나와서 조사를 해봤는데 시세가 3,000만 원 정도밖에 나가지 않아 포기하고 말았다. 며칠이 지나 물건 검색을 하다가 포기했던 물건을 다시 찾아보니, 누군가 단독으로 들어와서 3,200만 원에 낙찰받은 것을 알 수 있었다. 그리고 3개월 후, 가평군 현리 지역에 경매물건이 나와서 시세 파악을 나갔다. 인근 지역 부동산에 들어가서 일반 매물을 사는 것처럼 물었더니 그 물건을 추천한다. 매매가 3,800만 원! 3,200만 원에 낙찰받은 물건을 명도하고 수리해서 내놓았는데 3,800만 원이란다. 그럼 얼마가 남는 것일까?

답은 '꽝'이다. 고생고생해서 경매로 낙찰받은 물건이지만, 시세보다 높게 낙찰받아 시세보다 높게 내놓았기에 팔릴 수가 없는 것이다. 이런 분들이 지금 경매시장에서 어디 한둘이랴. 부풀었던 꿈은 사라지고 한숨만 쉬는 이들의 공통적인 실패 이유는 경매에서 가장 기본적인 원칙을 망각했기 때문이다. 몇몇 예외적인 경우를 제외하고는 경매는 항상 현재 시세보다 싸게 낙찰받아야 한다. 그것이 원칙이다.

그러니 섣불리 미래가치만 내다보고서 투자하지 마시길 바란다. 경매는 일단 현재가치에서 수익이 남는 금액을 정확하게 책정해서 투자해야 한다. 답은 현재가치에 있다.

# 떠난 기차는 반드시 돌아온다

경매로 재테크에 성공한 사례가 카페의 글이나 책을 통해 알려지자, 자신들도 그 꿈을 이루고자 달려들어 많은 사람들이 낙찰을 받았다. 그러나 그렇게 낙찰을 받은 이들이 요즘 매매가 안 되어 골머리를 앓고 있단다.

왜 그럴까? 성공사례를 듣거나 읽어볼 때는 자신도 금세 부자가 될 것 같았는데, 왜 매매가 안 돼 골머리를 앓고 있을까?

경매에서 수익을 얻는 3대 요소 중 첫째는 시세보다 싸게 낙찰을 받아야 하는 것이고, 둘째는 명도를 신속하게 해서 빠른 시일 안에 임대차를 놓는 것이며, 셋째로는 경매로 얻은 물건을 제때 처분하는 것이다. 이 세 가지 요소 중에서 제일 중요한 것은 두말 할 것도 없이 '환금성'이다. 경매를 하는 것은 결국 수익을 얻으려고 하는 것이기 때문에 '환금성'이 중요하다는 말이다.

장기투자를 염두에 두고 투자한 경우라면 몰라도 단기투자였다면 제때 처분해서 투자금을 회수해야 한다. 얻은 수익은 살림살이에 보태고 다시 경매로 투자해 더 많은 수익을 얻을 수 있는 물건을 낙찰받아야 한다. 만약 제때 매매가 안 되면 투자금은 묶이게 되고, 남들이 좋은 물건을 싸게 낙찰받아 갈 때 먼 산 쳐다보듯 하면서 가슴앓이를 해야 한다. 결국 장기투자가 아니라면 물건을 선택할 때부터 '환금성'을 구체적으로 검토해야 한다는 말이다.

그러나 많은 이들이 부동산업자들의 말만 믿고서 덜컥 낙찰받아 내놓았지만, 태도가 180도로 돌변하는 부동산업자가 어디 한둘이던가. 일반적으로 매수하는 입장에서 부동산에 찾아가면 별 희한한 이야기를 늘어놓으면서 매매를 부추긴다. 그때 부동산업자들이 하는 말을 곧이곧대로 믿고 낙찰가를 정하는 이들이 많은데 내가 해주고 싶은 말이 있다.

꿈을 접으시라고.

환금성이란 언제라도 매도를 할 수 있어야 하며, 언제 팔더라도 얼마간 남는 것을 전제로 한다. 남지도 않는 물건을 낙찰받아 마음고생만 한다면 경매를 할 필요가 없는 것이다.

너무 서두르지 마시라.

너무 앞서려고 하지 마시라.

늦었다고 몸 달아하지도 마시라.

여자는 고무신을 거꾸로 신으면 돌아오지 않지만 떠난 기차는 반드시 다시 돌아온다.

언제 팔 것인지, 팔면 얼마 정도 남을 것인지에 대해 확신이 설 때, 그때 가서 낙찰을 받아도 늦지 않다.

# 아서라, 말아라!

'야생화의 실전경매' 카페에 들어가면 이런 쪽지가 날아온다.

"경매를 전업으로 하고 싶은데 어떨까요?"

경매를 통해 성공한 사례들을 여기저기서 접하고는 자신도 그 대열에 참여하고 싶은 욕심에 이런 쪽지를 보내는 것이다.

그러나 아시는지? 지금까지 나온 성공 사례들 속에 실패 사례도 많고, 말 안 하고 속병을 앓는 사람들도 많음을. 얼마 전 어느 분이 1,000만 원으로 30억을 벌었다는 책을 내셨기에 저자를 만나본 적이 있었다. 그런데 출판사가 독자들에게 책을 많이 팔기 위해 그런 숫자를 제시했다는 말을 듣고 너무나 황당했다.

나도 그동안 몇몇 출판사 관계자들과 만날 기회가 있었는데, 내가 솔직하게 그동안의 수익률을 말씀드렸더니 고개를 가로저으며 이런 이야기를 한다.

"그 수익 가지고 책을 냈다가는 절대 팔리지 않습니다. 최하 100억은 벌었다라고 하셔야지…."

'10년에 100억? 캬~ 웃긴다. 10년에 1억도 못 번 사람이 부지기수인데 100억이라니!'

나는 10년 동안 경매 전문 회사에서 경매만 한 사람이다. 20여 명의 임직원들을 10년 동안 살펴본 결과 10년 만에 100억을 번다는 것은 '절대로' 불가능하다. 그런데도 요즘 나오는 책들을 보자면 경매를 통해 몇 년 만에 몇십 억을 번 것처럼 떠벌리는 성공 사례들이 너무나 많다.

그래, 백번 양보해서 그렇게 번 사람들이 있다고 치자. 그런데 일반인들도 그러한 수익을 얻을 수 있는 양 달콤한 환상을 심어준다면 그 책임은 누가 질 것인가? 물론 아무도 지지 않을 것이다. 그래서 내가 꼭 해주고 싶은 이야기가 있다.

경매를 어느 정도 알고 나면 돈에 대한 욕구와 자신의 현재 직업에 대한 회의 등으로 경매 전업에 대한 욕구가 생겨난다. 그러나 경매로 취득한 물건에서 자신의 생활비를 책임질 만한 수익이 나오지 않는 이상 경매 전업은 자제하는 것이 바람직하다. 물론 자금력이 아주 풍부하다면 경매를 통해 웬만한 봉급생활자나 자영업자보다 경제적으로 풍요를 누릴 수도 있다. 그러나 현실은 그렇지가 못하다. 정확한 판단력과 장인정신이 부족하다면 오히려 쪽박 찰 가능성이 더 높다.

자금력, 내공, 결단력, 인맥 등이 부족한 상태에서 가끔 괜찮은 물건을 낙찰받아 되팔면 수익이 남고, 그렇게 남은 수익으로 여생을 편안히 살 수 있으리라 생각한다면 꿈을 깨시라. 10년 전에 경매를 전업으로 했던 고수들도 현재 10명 중 단 2명만 남아 있는 현실을 무엇으로 설명할 것인가? 그나마 한 사람은 부인이 벌어오는 돈이 있어 애들 교육비와 생활비 걱정은 안 해도 되었기에 지금까지 경매를 할 수 있었다. 그러나 1년 동안 한 번도 낙찰을 받지 못해 매달 용돈을 타서 다니고 있다면, 그동안 좋은 시절에 벌어놓은 수익금을 곶감 빼먹듯 하고 있다면 어쩔 것인가?

아서라, 말아라. 다니는 회사가 있다면 열심히 다니면서 경매를 '투잡' 성격으로 해야 한다. 집안에서 누군가가 생활비를 벌어오는 사람이 있을 때만 경매로 재테크를 하되, 이때도 부업의 의미로 다가서야 한다. '나도 할 수 있다'는 말이 있다. 그런데 이 말은 자금력도 풍부하지 않은 사람이 모든 일을 그만두고 경매에 뛰어들어, 10년에 100억을 벌자는 식의 목표를 정하라고 있는 말이 아니다. 부족한 돈으로 내 집을 마련하려거나 경매를 통해 부업의 형태로 재테크를 하려는 때에 필요한 말이다.

# 뒤늦은 후회

　굿옥션, 지지옥션, 태인경매 등 유료 경매정보 사이트 운영회사들은 법원기록서에 나와 있는 매각물건명세서와 감정평가서를 바탕으로, 일반인들이 쉽고 간편하게 볼 수 있도록 자료를 만들어 제공하고 있다.

　사실 매각물건명세서에 기록된 내용만 잘 살펴봐도 돈 안 들이고 정보를 얻을 수 있지만, 일반인들은 경매용어도 이해하기 어렵고 법원기록서에 나와 있는 자료를 보더라도 무엇을 봐야 하는지, 무엇이 중요한지를 잘 모른다. 그래서 유료 경매정보 사이트에 나와 있는 자료를 보면서 권리분석도 하고 물건분석도 한다. 그렇게 법원기록서에 나와 있는 자료보다 경매정보 사이트나 경매정보지에 나와 있는 자료만 참고하다 보니, 막상 낙찰받은 물건에 권리상의 문제가 생겨 입찰보증금을 날리는 일이 비일비재하다.

내게 경매를 배웠다는 어느 여자 분이 전화를 해왔다. 전화를 걸기 전에 벌써 얼마나 울었는지 목소리가 잠겨서 통화 내용을 잘 이해할 수 없었다. 다음 날 그분을 만나 자세한 이야기를 들어보았다. 자기가 살고 있는 지역에 25평짜리 빌라가 2억 원에 나왔는데, 시세가 2억 4,000만 원 정도라서 감정가에서 500만 원을 더 써서 낙찰을 받았단다. 문제는 권리신고한 2,000만 원짜리 선순위 임차인이 소액임차인인 줄 알았는데, 사실은 1억 2,000만 원짜리 선순위 임차인이라는 것이다. 그 임차인은 배당요구도 하지 않아 배당요구를 하지 않은 전세보증금 1억 원을 고스란히 물어줘야 한다는 것이다.

말소기준권리인 근저당보다 먼저 전입한 선순위 임차인이 1억 원짜리 계약서를 내지 않고 증액한 2,000만 원짜리 계약서만 권리신고를 한 것이다. 매각물건명세서에는 1억 원짜리 계약서는 배당요구를 하지 않은 것으로 나오는데도, 경매정보 사이트에서는 2,000만 원짜리 계약서만 권리신고를 한 것으로 올려놓은 것이다. 그렇다 보니 이분은 세입자의 전세보증금이 2,000만 원이고 배당요구도 했으니, 1,600만 원이 최우선변제금으로 나와서 자신은 배당에서 빠진 400만 원만 임차인에게 물어주면 명도가 쉽게 끝날 줄 알았단다.

딱한 사정에 울면서 이야기하는데도 나도 모르게 화가 치밀었다. 매각물건명세서도 보지 않고 경매정보 사이트에 올라온 자료만 믿고 입찰을 하다니! 내가 그렇게 발바닥을 구르면서 강조했던 부분을 까맣게 잊고서 실수를 했다고 도와달라는데 막막하기만 했다. 해당 법원에 가서 담당 계장을 만나서 이야기해보고 이리저리 알아볼 곳은 다 알아보았지만, 입찰보증금 2,000만 원은 날릴 수밖에 없었다,

매각물건명세서에는 법원에서 집행관들을 통해 조사한 현황조사서와 세입자들이 권리신고한 내용이 자세하게 나와 있다. 따라서 매각물건명세서는 그 물건에 대한 권리내용을 알 수 있는 아주 중요한 자료다. 이 자료를 토대로 배당이 이루어지고 때로는 이 자료에 의해서 낙찰 불허가가 나올 수도 있다.

그런데도 많은 사람들이 매각물건명세서 하나 제대로 확인하지 않고 뛰어들었다가, 입찰보증금만 날린 채 쓸쓸히 법원을 떠난다. 콩나물 값 몇 푼 아껴서 생활을 하는 아줌마들도, 점심값 아끼려고 도시락을 싸들고 다니는 회사원들도, 섣불리 낙찰을 받았다가 안타까운 사연을 되풀이하는 것이다. 경매를 통해 내 집을 마련하거나 조그만 상가라도 낙찰받아 임대료로 생활에 보탬이 되길 바라는 작은 소망들이 그렇게 하나씩 무너지는 것이다.

# 왕거미가 친 거미줄

안산 법학원에서 강의를 할 때였다. 다음 주에 법원 견학이 있어서 물건자료를 뽑던 중에, 안산시 고잔동에 있는 다가구 원룸주택이 감정가 4억에서 시작해 51퍼센트까지 떨어진 것을 발견했다. 굿옥션에서 제공한 현장 사진을 보니 아주 좋아 보이는데 이렇게 좋은 원룸주택이 51퍼센트까지 떨어진 이유가 궁금했다. 바로 대법원 경매정보 사이트와 몇 개의 유료 경매정보 사이트에서 더 찾아보았다.

대법원 경매정보 사이트에 올라온 매각물건명세서를 집중 분석해보니 지하 1층에서 지상 4층까지 원룸이 총 18개였으며, 임대료도 보증금 1억에 월 400만 원 정도로 신고 됐다. 그런데도 이렇게까지 떨어지다니…. 또 이 물건은 입찰보증금으로 최저매각금액의 20퍼센트를 내야 하는 재경매 사건이었다. 저번에 누군가가 3억 1,300만 원에 낙찰을 받았다가 잔금을 내지 않아 다시 나온 모양이었다.

나는 안산 지역에 나온 몇 개의 물건을 뽑아 현장으로 달려갔다. 안산으로 가는 내내 이 다가구 원룸주택만 머릿속을 맴돌아서 제일 먼저 이 물건 소재지인 고잔동으로 갔다. 역세권 주변인데 왠지 주변 환경이 열악해보였다. 다가구 주택을 원룸으로 불법 개조한 후 싼 임대료로 사람들을 모아 임대업을 하던 원룸 단지였다.

그 집에 도착해서 살펴보니 가관이었다. 지하에 3가구가 있다고 했는데 어디서 흘러들어왔는지 지하 전체가 물바다였고, 1층에서 4층으로 올라가는 계단은 비좁아서 농 하나도 올릴 수 없을 것 같았다. 불법으로 급하게 개조한 탓인지 문짝은 비틀려 있고, 관리도 엉망이어서 계단과 복도 주변이 온통 쓰레기천지였다.

'세상에, 이런 물건이 경매에 나와 있다니!'

부동산에 가서 시세를 알아보니 방 하나에 보증금은 100만 원, 월세는 20만 원을 넘지 못한다는데, 왜 이 집은 18가구에 보증금이 총 1억으로 월세가 400만 원이 넘는 것으로 신고 됐을까? 나는 이것이 너무나 궁금해서 다른 지역의 물건은 가보지도 않고 고잔동에 있는 원룸주택 앞에서 사람들을 기다렸다.

밤 10시가 넘자 그 집으로 들어가는 젊은 친구가 보였다. 공손하게 이 집에 대해 물어보니 퉁명스럽게 대답하고는 곧바로 뛰어 올라간다. 12시까지 집 앞에서 다른 사람들을 기다렸지만 아무도 오지 않아 서울로 돌아왔다. 그러고는 한동안 이 물건을 잊고 지냈는데, 어느 날 연세가 제법 있는 수강생 한 분이 내게 이 물건을 가져와서 이렇게 이야기하는 것이다.

"교수님, 이 물건 좀 봐주세요. 감정가가 4억인데 51퍼센트까지 떨어져서 최저매각금액이 2억이 조금 넘어요. 임대료가 보증금 1억이고 월세도 400만 원이 넘게 나오는데, 그냥 이거 최저가에 한번 들어가 볼까요?"

"네? 도대체 정신이 있는 겁니까, 없는 겁니까?"

순간 나는 내가 교수라는 것을 잊고서 나이 지긋하신 그분에게 야단을 쳤다. 주변에 있던 법학원 교수님들과 수강생들이 놀란 눈으로 나를 쳐다보았지만, 나는 개의치 않고 큰 소리로 이 물건의 함정을 피를 토하는 심정으로 말씀드렸다. 왕거미가 거미줄을 치고서 먹이를 기다리고 있는 형국이라고 한참을 설명해가며 이해시켜 드렸다.

엉터리로 권리신고한 것을 그대로 믿고 현장에 가보지도 않은 채 무턱대고 입찰하는 사람들은, 나중에 낙찰을 받고 나서야 자신이 왕거미가 쳐놓은 함정에 빠진 걸 알게 된다. 그때는 이미 늦었다. 입찰보증금을 몰수당한 뒤에야 함정을 빠져나올 수 있는 것이다.

이렇게 쌓이는 입찰보증금은 왕거미가 미리 등기부등본상에 설정해놓은 가짜 근저당권자에게 배당으로 돌아가게끔 짜놓는다. 가만히 앉아서 입찰보증금만 쏙 빼먹는 수법인데, 순진한 초보자들은 이런 사실도 모르고 임장을 등한시한 채 입찰했다가 함정에 걸려드는 것이다. 남들이 경매로 쉽게 돈을 벌었다고 나도 벌 수 있을 것이란 막연한 생각으로 뛰어들었다가는 누구라도 이런 낭패를 볼 수 있다.

힘들더라도 자신의 발로 뛰어서 얻는 정보가 가장 믿을 만한 정보임을 잊지 말아야 한다.

# 앞바지와 뒷바지

　'따르릉~' 서초동에서 30년 넘게 부동산 중개소를 운영하시는 하 사장님의 전화다. 잘 아는 사람으로부터 평택에 경매로 나온 주택이 있으니 한번 살펴보라는 얘기를 들었다면서, 나한테도 한번 살펴보라고 하신다. 물건 검색을 해보니 권리분석에는 별 문제가 없었지만 평택 지역의 시세와 주변여건을 나도 잘 몰라, 며칠 후 하 사장님과 함께 임장을 나갔다. 그날 하 사장님은 평택에서 경매를 하신다는 '손 사장'이라는 분을 나에게 소개시켜주셨다.

　하 사장님 말씀으로는 평택 지역에서 경매하는 사람치고 그를 모르는 사람이 없을 정도로 꽤 실력이 있는 부동산경매업자라면서, 이번 평택 물건을 손 사장에게 컨설팅을 맡기기로 하셨단다. 내 느낌

60

엔 그리 실력이 많아 보이지 않았지만 내가 이 지역을 잘 모르는 관계로 그저 하 사장님 옆만 지키다가 서울로 돌아왔다.

입찰일이 돼 새벽부터 일찍 하 사장님을 모시고 평택지방법원 경매법정에 갔더니, 컨설팅을 맡은 손 사장은 우리를 보자마자 예상 낙찰가를 알려주면서 이렇게 이야기한다.

"두세 명 정도 들어올 건데, 이 가격을 쓰면 차순위와 몇십만 원 정도밖에 차이가 안 날 겁니다."

그러면서 자신은 다른 사람들이 얼마 정도 쓸 것인가를 알 수 있는 신통력을 가졌다며 그동안의 업적을 줄줄이 풀어놓는다. 10년간 경매브로커 사무실에서 산전수전 다 겪은 나로서는 손 사장이라는 분의 말을 도저히 신뢰할 수가 없었다.

우리가 들어간 물건은 손 사장의 예언(?)대로 2명이 입찰했고, 30여만 원 차이로 우리에게 낙찰됐다. 다른 사람들이 볼 때는 분명 그는 경매의 신이었다. 그런데 이상한 것은 30만 원 차이로 떨어진 사람이 어떤 여자였는데, 그 여자는 아무렇지도 않은지 무덤덤하게 입찰금을 되돌려 받고서는 경매법정을 빠져나가는 것이 아닌가. 나는 뭔가를 직감적으로 눈치 채고선 그 여자를 따라 나갔다. 밖에서 그 여자의 행동을 유심히 지켜보는데, 어딘가로 전화를 걸면서 그 여자가 하는 말.

"응 떨어졌어…. 그런데 이 입찰금 누구한테 돌려줘야 하는 거야? 다음엔 좀 더 줘야 돼. 다른 사람들은 손 사장님이 20만 원씩 준다고 하더구만."

분명히 뒷바지를 세운 것이다. 여기서 뒷바지라 함은 경매컨설팅을 하는 사람들이 의뢰인으로부터 컨설팅비를 더 많이 받아내려고 가짜 입찰자를 심어두는 것을 말한다. 컨설팅업자는 의뢰인에게 제시한 금액보다 몇만 원, 또는 몇십만 원 적게 가짜 입찰자가 입찰하도록 미리 판을 짜 놓는다. 아슬아슬한 금액 차이로 낙찰받게 된 의뢰인은 이 업자를 당연히 경매의 신으로 여기게 될 것이다. 덕분에 컨설팅업자는 더 많은 수임료를 챙기게 된다.

뒷바지 말고 앞바지라는 것도 있다. 앞바지는 의뢰인보다 일부러 입찰금을 많이 써내는 사람을 심어두는 것을 말한다. 앞바지로 세운 사람은 경쟁률이 거의 없는 물건에 감정가보다 턱없이 높은 금액으로 입찰해 최고가 매수인이 된 다음, 입찰보증금 부족이나 서류 미비 등을 핑계로 일부러 낙찰 무효 처리를 받는다. 그러면 차순위로 들어갔던 의뢰인은 운 좋게 대단한(?) 물건을 낙찰받은 것처럼 착각하게 되고, 경매 컨설팅업자에게 처음 의뢰한 비용보다 훨씬 많은 수임료를 챙겨주는 것이다. 이렇게 의뢰인의 들뜬 기분을 이용해 몇 배 이상의 수임료를 챙겨가는 수법이 바로 앞바지다.

앞서 얘기한 물건은 다행히도 낙찰받은 후에 어느 정도 수익을 가져다줬지만 많은 사람들이 이러한 것을 모른 채 지금도 경매컨설팅 업체를 찾는다. 제발 스스로 물건을 찾고 스스로 낙찰을 받아 수익으로 연결할 수 있는 실력을 만들기 바란다.

# 실전 경매의
# 고수익 비밀을
# 파헤쳐라

피가 마른다.<br>
내가 생각한 배당이 맞으면 선순위 임차인 3명의 보증금을 인수하지 않아도 되지만,<br>
내 생각이 맞지 않고 유료 경매정보 사이트에서 제공한 배당이 맞으면<br>
낙찰받고서 인수를 해야만 한다.

# 피 말리던 배당 예상

유료 경매정보 사이트를 검색하다가 대전시 서구 갈마동에 위치한 원룸 다가구 주택이, 감정가 4억 8,700만 원에서 최저가 1억 6,500만 원까지 떨어진 상태로 나와 있는 걸 발견했다. 좋은 물건임을 직감한 나는 곧바로 대전으로 내려갔다.

대지 60평, 건평 150평, 임차인 14명 중 3명은 선순위.

유료 경매정보 사이트에는 3명의 선순위 중 2명은 최우선 배당금으로 일부 배당을 받는 것으로 나오고, 201호 3,500만 원은 모두 인수로 나와 있다.

현장에 가서 살펴보니 옥상에서 흘러내린 빗물에다가 층마다 누수가 있어 올라가는 계단 주변의 벽면이 흉물스럽게 방치돼 있었다. 지하 계단도 흘러내린 빗물과 누수로 인해 대리석이 시커멓게 변해 있었다. 보아 하니 하루 이틀에 걸쳐 생긴 하자가 아닌 것 같았다.

몇 번에 걸쳐 지역을 분석하고 임대수익 분석을 해본 결과 적은 돈을 가지고도 제법 큰 수익을 낼 수 있다는 판단이 섰다. 그리고 잘 아는 건축업자와 페인트업자들에게 물건을 보여주고 견적을 의뢰했는데, 다행히 겉으로 보이는 것과는 달리 큰 하자가 아니라는 진단이 나왔다.

문제는 보증금 인수에 있었다. 14명의 임차인 중 11명은 최우선 변제를 받는다 해도 보증금의 일부밖에 받지 못하므로 명도저항이 거셀 것이 당연했다. 남은 3명의 임차인 중 2명의 보증금은 최우선 변제를 하고 모자라는 금액을 인수해야 하는데다가, 201호 세입자의 보증금 3,500만 원도 모두 인수해야 하는 부담이 남아 있었던 것이다.

그런데 유료 경매정보 사이트에서 제공한 정보에는 선순위 임차인 3명의 보증금을 인수해야 하는 것으로 나오지만, 내가 짜본 배당으로는 인수가 아니라 전액 배당이 나오는 게 아닌가. 그래도 확신이 서질 않아 잘 아는 고수님들에게 자문해봤지만 명확한 대답을 듣지 못했다. 머리를 싸매고 배당을 짜고 또 짜봐도, 내 생각엔 변함없이 선순위 임차인 3명 모두 배당이 나오는 것이었다.

일단 유료 경매정보 사이트의 정보대로 선순위 임차인 3명의 배당을 짜면 이렇다. 국민은행이 1억 3,000만 원으로 토지에 대해 근저당을 잡은 후 다가구를 지었고, 3명의 임차인이 전입을 한 후에 건물에 대해서 공동저당을 잡은 것이다. 그러므로 토지저당보다는 후순위이지만 임차인의 지위는 건물을 기준으로 삼기 때문에 3명의 임차인은 선순위인 것이다. 즉 낙찰금액에서 배당을 못 받으면 낙찰자가 인수를 해야 하는 것이다.


따라서 유료 경매정보 사이트에서 올린 배당은

1. 낙찰금액에서 최우선변제금 1/2 범위에서 배당.

(최우선변제금에 해당하는 임차인 13명)

2. 토지 근저당권자 낙찰금액에서 1/2 배당.

3. 201호 세입자 3,500만 원과 2명의 선순위 임차인에게 최우선변제금을 배당하고 모자란 보증금은 낙찰자가 인수.


그러나 야생화가 머리를 굴리며 짜본 배당은

1. 낙찰금액에서 최우선변제금 1/2 범위에서 배당.

(최우선변제금에 해당하는 임차인 13명)

2. 토지 근저당권자의 채권액 1억 3,000만 원에서 낙찰가율(낙찰가÷감정가×100)만큼 배당.

(예: 낙찰가율이 50퍼센트라면 6,500만 원 배당)

3. 201호 세입자 3,500만 원과 2명의 선순위 임차인에게 최우선변

제금을 배당한 후 모자란 보증금(확정일자에 의하여) 배당.

　피가 마른다. 내가 생각한 배당이 맞으면 선순위 임차인 3명의 보증금을 인수하지 않아도 되지만, 유료 경매정보 사이트에서 제공한 배당이 맞으면 낙찰받고서 인수를 해야만 한다.

　나는 그동안 명지경매에 있으면서 3년간 배당만 공부했다. 투자할 돈이 없어서이기도 했지만 스승이셨던 양 감사님이 배당을 모르면 경매를 해선 안 된다고 누차 강조하셨기 때문이다. 나는 평소 관심이 있는 물건을 가지고 배당을 짜면서 공부를 했고, 그 물건이 낙찰돼 배당기일이 되면 어김없이 법정에 가서 배당을 참관했다. 그리고 배당이 끝나고 나오는 임차인에게 구걸하듯이 배당표를 얻어 복사한 다음, 회사로 돌아와서 내가 짠 배당이 실제 배당과 맞는지 면밀히 검토하는 작업을 3년간 계속했다. 당연히 어느 누구보다 배당에서는 자신이 있는 터였다.

　그러나 이번 일은 실전이었다. 잘못 판단하면 엄청난 손실을 줄 수도 있는 물건이 내 앞에 있는 것이다. 선순위 임차인 3명의 배당 문제뿐만 아니라 전액 배당을 받지 못하는 임차인 11명의 명도저항이 예상되고, 누수 때문에 흉물스럽게 변해버려 감정가의 34퍼센트까지 떨어진 대전 다가구 주택.

　입찰일이 다가오자 입찰금액에 대해서도 고민을 해야 했다. 문제가 있는 물건이지만 초보자들은 그것보다도 감정가에서 훨씬 떨어진 금액에 매력을 느껴 최소 10명 이상은 들어올 것이라 예상했다.

그래서 낙찰가를 저번 유찰가(49퍼센트)보다 넘겨서 쓰기로 했다.


입찰일. 아침 일찍 KTX를 타고 대전으로 내려가서 대전지법에 들어서니 다리가 떨리고 숨이 가빠온다. 자판기 커피를 한 잔 마시며 법원 안을 살펴보니까 내 눈에는 모두 내가 입찰하는 물건에 들어가려는 사람들로만 보인다.

'얼마를 써야 하나. 얼마를 더 올려야 하나.'

간신히 마음을 진정시키고 그동안 내가 생각했던 가격을 소신껏 적어 입찰함에 넣고 법정을 빠져나왔다. 끊었던 담배 생각도 난다. 불안해서 이곳저곳을 서성대고만 있다. 시간이 지나 입찰함 개봉이 시작되자 그동안 어디에 숨어 있었는지 수많은 사람들이 법정 안을 가득 메웠다. 복잡한 틈을 비집고 법정 안으로 들어서자 내가 입찰한 번호를 부른다.

"2005타경 ****호 12명 나오세요!"

집행관의 소리에 주위에 있던 사람들이 수군거린다. 워낙 많이 떨어졌던 물건이기에 관심도 많았으리라. 한 명 한 명 입찰가를 부르다가 2억 4,418만 원을 부르자, 나는 법대 앞에 나와 있던 12명의 입찰자와 법정에 있던 사람들의 놀라는 목소리를 뒤로하고 한 발 앞으로 나갔다. 모두들 나를 쳐다본다. 아마 저번 최저가에서 500만 원가량을 더 써낸 나를 이해하지 못했으리라.

잔금일이 다가오자 나는 다시 대전으로 갔다. 세입자들을 만나려 했지만 1년 넘게 경매가 진행돼서인지 빈집이 많았다.

위아래 층으로 다니면서 못 만나는 세입자들의 집마다 안내문을 붙이고 있는데, 203호 세입자가 와서는 대뜸 얘기 좀 하자고 한다. 주차장으로 내려가서 얘기를 하려는데, 그새 다른 세입자들에게 연락을 취했는지 만나지 못했던 세입자들이 하나 둘 나타나서 나를 둘러싼다. 그러고는 203호 세입자가 험악한 목소리로 배당을 다 받지 못하는 11명의 임차인의 처우에 대해서 물어본다.

나중에 안 사실이지만 이 사람이 법무사 직원이라서 총대를 멨단다. 배당이 어떻게 나올지 정확히 알 수는 없지만 임차인들이 손해 보는 보증금을 전부 내줄 수는 없다고 말하자 그들의 목소리와 얼굴은 더욱 날카로워졌다. 급할수록 돌아가라고 했다. 나도 같이 목소리를 높이면 감정싸움만 커질 게 뻔하고, 나는 한 분 한 분 그분들의 입장부터 먼저 헤아려 들었다. 이야기를 다 듣고 나서야 차근차근 보증금 문제에 대한 내 의견을 말씀드렸다.

그들도 1년이 넘도록 경매가 진행되는 동안 이곳저곳 보증금 문제에 대해서 알아보았는지 다행히 큰 저항 없이 명도가 마무리될 수 있었다. 11명의 임차인들에겐 가구당 50만 원의 이사비용을 주는 조건으로 어렵지 않게 해결할 수 있었던 것이다.

명도 문제가 어느 정도 해결됐지만 배당 결과가 걱정돼 며칠 동안 잠을 이루지 못했다.

“2005타경 ****호 이해관계인들 나오세요!”

배당 법정. 판사님의 말이 나오기 무섭게 14명의 임차인들과 채권자인 국민은행이 법대 앞으로 나갔다. 나는 과연 배당이 어떻게 나올지 궁금해 가슴이 쿵쾅거리기 시작했다. 경매계장이 배당표를 나눠주자 나도 이해관계인이므로 앞으로 나가서 임차인들과 함께 배당표를 받았다.

‘와!’

내가 짠 배당표 그대로 배당이 나온 게 아닌가! 배당해야 할 2억 4,418만 원 중 제일 먼저 400여만 원이 경매실행비용으로 나왔다. 두 번째는 13명의 소액 임차인들에게 남은 금액 2억 4,000만 원의 절반인 1억 2,000만 원을 안분비례해서 최우선변제금이 나왔다. 세 번째는 채권자인 국민은행에 채권금액 1억 3,000만 원 중 6,500만 원이 나왔다. 네 번째는 확정일자 순에서 제일 빨랐던 201호의 보증금 3,500만 원이 나오고, 2명의 선순위 소액 임차인에게 나머지 금액 전부가 배당으로 나왔다.

그 순간 내 기분은 날아갈 것 같았다. 아직 매매를 한 것은 아니었지만 유료 경매정보 사이트에서 빨간색으로 표시돼 있던 선순위 임차인 3명의 인수금액을 그냥 번 것처럼 느껴졌다.

14명의 임차인들은 내가 작성해준 명도확인서와 인감증명서, 그리고 임대차계약서와 주민등록등본을 경매계장에게 제출했다. ‘배당금 지급명령서’를 받아든 임차인들은 은행에서 배당금을 수령했고, 그중 4명은 나와 재계약을 했다.

이렇게 피 말리던 배당과 명도가 잘 이뤄져서 기뻐하는 것도 잠시, 또 하나 해결해야 할 문제가 나를 기다리고 있었다.


건물 '보수'가 남아 있었던 것이다. 옥상 방수와 층별 누수 공사, 페인트 공사를 하면서 이사 나간 방마다 도배도 새로 하고 장판도 새로 깔았다. 배당이 끝나고 일주일이 지나자 그렇게 흉물스럽던 대전 다가구 주택(이제야 밝히지만 이름이 '예가주택'이다)은 아주 멋지고 예쁜 집으로 재탄생했다. 방마다 에어컨도 설치하고 도어 록도 새것으로 교체해서 부동산을 찾아갔는데, 제일 시급한 문제를 해결해야 했기 때문이다.

1년이 넘도록 경매가 진행되는 과정에서 생긴 예가주택에 대한 나쁜 이미지를 없애기 위해, 음료수 박스를 들고 인근 부동산 사장님들을 일일이 찾아뵈었다. 그리고 그중에서 열심히 할 것 같은 부동산 세 곳을 정해 10만 원씩 넣은 봉투를 잘 부탁드린다며 전해드렸다. 그러자 부동산 사장님들이 놀라며 사양을 한다.

그렇다. 임대물건을 인근지역 모든 부동산에 다 내놓으면 안 된다. 친절하고 열심히 하는 곳을 선정해서 그곳에 맡겨야 하는 것이다. 임대물건을 내놓은 지 며칠이 지나지 않아 비었던 10군데 원룸 중에 3군데가 계약이 이뤄졌고, 새로 들어오는 임차인에게 직접 찾아가 '입주선물'로 마련한 세재를 드렸다. 그러자 소문이 얼마나 좋게 났는지 부동산마다 제일 먼저 예가주택을 소개한다는 것이다.

그리고 부동산업자들이 모시고 간 분들에게 빼놓지 않고 하는 말.

"내가 이제껏 수많은 곳에 임차인들을 소개해줬지만 이렇게 이사 들어왔다고 세재를 주는 주인은 처음이라고."

그렇게 사람의 마음을 감동시켜서인지 수리를 마치고 한 달이 안 돼 예가주택은 공실이 없게 되었다.


낙찰금 2억 4,418만 원 중에 농협을 통해 1억 3,000만 원을 융자 받고 주인 세대인 501호는 5,000만 원, 201호는 3,000만 원, 403호는 2,000만 원, 401호도 2,000만 원에 전세를 주었다. 나머지 10군데 원룸은 보증금 200만 원씩을 받고 월세로 계약을 하자 낙찰받은 지 두 달 만에 내가 투자한 돈 전부를 회수했다. 그리고 농협의 이자 약 80만 원을 제외하고 매달 180만 원가량이 통장에 쌓여갔다. 그렇게 2년이 지나면서 그동안 예가주택을 통해 매달 들어오는 월세 수익 중 일부는 연로하신 어머님의 치료비로 사용할 수 있었다.


그래서 나는 경매가 좋다.

# 우리 집에 김치냉장고가 없는 이유

2005년, 창동이 제2차 뉴타운지역에서 빠지고 난 후 창2동, 창3동 주민들은 서울시청과 관할구청에 뉴타운을 원한다는 주민동의서를 제출했다. 동네 여기저기에 뉴타운을 원하는 현수막이 걸린 것을 보고서 나는 뭔가 심상찮은 낌새를 느꼈다. 분위기가 저러하다면 뉴타운지역으로 선정될 가능성이 높을 거라는 확신을 가지고 물건 조사를 했다.

그때 빌라 하나가 눈에 띄었다. 감정가가 8,500만 원인데 누군가 5,511만 원에 낙찰받고 잔금을 납부하지 않아 재경매로 나온 물건이었다. 이 물건에 흥미를 갖고 본격적인 조사에 들어갔다. 2003년에 보존등기 된 새 건물이고 4층, 5층 복층구조에 등기상은 18평인데,

건축물대장에는 22평으로 나와 있다. 여기에 베란다 확장공사로 10평을 늘려 총 32평인 빌라가 관할구청 건축과에 위법건축물로 등재된 것을 확인했다.

대지지분도 12평이라서 나는 이 물건을 꼭 낙찰받고 싶었다. 전 낙찰자가 잔금을 못 낸 이유를 몰라서 불안했지만 권리분석을 해본 결과 아무런 문제가 없는 물건이었다. 재경매라서 입찰보증금을 20퍼센트 더 내야하고, 위법건축물이라서 초보자들은 입찰에 들어오지 않을 것이므로 고수들의 싸움이라고 판단했다. 나는 최저가액 4,352만 원보다 886만 원을 더 써서 5,238만 원에 낙찰을 받았다.

2명이 이 물건에 입찰했는데 2등은 이 빌라 소유자가 친척 이름을 사용해서 들어왔다. 낙찰을 받고 법원을 나오는 나를 따라와서는 통사정을 한다. 아무도 안 들어올 줄 알고 최저금액을 쓴 자신을 한탄하면서 자기는 그 집에 대한 애착이 너무 많아 포기할 수 없단다. 그러면서 나보고 500만 원을 받고 포기하라고 한다.

나는 안 된다고 거절했지만 이후로도 며칠간 전화로 매달린다. 사정 이야기를 들으면 딱하지만 나도 이것이 직업인지라, 4,000만 원을 융자받아 잔금을 내고 소유권 이전을 마친 후 곧바로 낙찰받은 집에 갔다. 집주인은 그새 마음이 바뀌었는지 자신에게 싸게 임대를 놓으라고 한다.

그래서 나는 명도과정에 들어갈 금전 비용을 감안해서 보증금 2,000만 원에 월세 40만 원을 받기로 하고 계약을 했다. 그러던 중

창동 지역은 4차 뉴타운 이야기로 부동산 가격이 계속 올라, 5,238만 원에 낙찰받은 이 집 가격이 대지가 커서 2억 4,000만 원이 넘는 호가로 뛰었다. 나는 비과세로 만들려고 3년 소유, 2년 거주 조건을 충족시키기 위해 이 집에 주소를 옮기고 이사를 결정했다.

그런데 전 주인이 문제였다. 여전히 그 집에 애착이 많다며 버티는 전 주인을 몇 번씩이나 설득해 겨우 이사 약속을 받아냈는데, 이사 나가기 3일 전에 내게 전화해서 이사 가야 하는 집을 수리해야 하니 보증금 2,000만 원을 먼저 달라고 부탁한다. 나는 그분을 믿고 2,000만 원을 통장으로 입금했다. 3일 후 이사하는 날 찾아갔더니 세상에나, 이삿짐센터 직원들이 싱크대를 떼어내고 있는 것이 아닌가.

"아니 뭐하는 겁니까!"

나는 너무 놀라 싱크대를 떼는 직원들을 말리면서 전 주인에게 항의를 했다. 그러나 전 주인은 자기가 이 집을 지을 때 설치한 것들이라며 눈 하나 깜짝하지 않고 이삿짐센터 직원들을 재촉한다. 이미 싱크대 밑에 부착된 김치냉장고는 어디로 갔는지 보이지가 않는다. 나는 도리어 사정을 해서 싱크대 값으로 30만 원을 주고 작업을 중지시켰다. 그리고 이삿짐 차에 실어놓은 김치냉장고도 달라고 했지만 전 주인은 찬바람만 일으키며 그냥 이사를 가버렸다.


몇 날 며칠 중고시장을 돌아다니며 휑하게 빈 김치냉장고 자리에 맞는 것을 찾아봤지만 실패했다. 그래서 우리 집엔 김치냉장고가 없

다. 내 딴에는 상대를 배려한다고 한 것이 이런 결과로 돌아온 것이
다. 휑한 김치냉장고 자리를 보면 지금도 가슴 한쪽이 썰렁해진다.

# 무당 아주머니 집을 입찰하다

2006년, 서울 강북구 수유동 일대가 재개발된다는 이야기가 솔솔 들리고 경전철이 확정되자, 이 지역의 부동산 가격이 오르기 시작하더니 급기야 경매 낙찰가도 오르기 시작했다.

2005년도만 해도 감정가 1억짜리 빌라가 두 번 유찰되면 7,000만 원에 낙찰을 받았는데, 이젠 감정가에서 더 쓰고 낙찰을 받다 보니 낙찰가율이 120퍼센트를 넘어서고 있다. 나는 경매물건을 검색하다가 감정가 9,500만 원이 64퍼센트까지 떨어져 6,080만 원에 나온 빌라를 발견했다. 뭔가 이상하다 싶어 유심히 살펴봤더니 '현황조사서'에 '무당집이며 무당인 소유자가 자궁암으로 투병 중'이라는 내용이 나와 있었다.

다음 날, 경매물건 주소지에 갔더니 역시 창문에는 '절' 마크가 붙어 있었고 대문에는 깃발이 꽂혀 있는 게 아닌가. 집 앞에 있는 야채가게 아주머니에게 물어보니 벌써 많은 사람들이 다녀갔다고 하면서 무당 아주머니가 오래 살지는 못할 거라고 말씀하신다. 그 무당이 아프기 전에는 얼마나 용했는지에 대해서도 한참이나 연설을 늘어놓으신다.

'장군보살을 모신 무당집'

'자궁암으로 투병하는 무당'

뭔가 찝찝해서 들어갈 엄두가 나지 않아 되돌아오려는데, 어떤 젊은 여자의 부축을 받으며 그 집으로 들어가는 병색이 완연한 늙은 노파와 눈이 마주쳤다. 흠칫, 가슴이 쿵쾅거리고 다리에 힘이 빠지는 걸 느꼈다. 그 순간 내 안의 깊은 곳에서 어떤 울림이 들렸다.

'쫄지 마!'

나는 3층 계단을 올라가는 두 여자를 보면서 고심하다가 명도가 힘들 것을 각오하고 입찰하기로 마음을 굳혔다.

현황조사서는 집행관이 법원의 명령으로 경매사건이 진행되는 곳을 방문해, 입찰하려는 사람들에게 도움이 되도록 현황내용을 조사해 보고한 것이다. 세밀한 부분을 다루기도 하지만 대부분이 형식적이다. 현황조사서에는 세입자 현황이나 채무자나 소유자를 만나서 들은 이야기, 그리고 현장에 대한 내용들을 기록해놓는다.

이 물건처럼 '무당집'이라거나 소유자인 무당이 '자궁암'으로 투병 중이라는 세세한 부분까지 나오면 초보자들은 대부분 입찰하기를 꺼린다. 반면에 고수들은 이런 물건에 입찰해 수익을 얻는 경우가 많다. 초보자들이 명도에 많은 어려움이 예상되거나 소유권 이전까지의 과정이 복잡한 물건은 제쳐둔 채, 명도가 쉽거나 권리관계가 쉬운 물건에만 입찰하다 보니 경쟁률도 세고 낙찰가도 높아서 수익을 얻기가 어려운 것이다.

그래서 나는 현황조사서에 초보자들이 피할 만한 내용이 나오면 오히려 관심을 갖고서 파고든다. 이 빌라도 초보자들이 지나치기 쉬운 물건이라서 관심을 가지고 파고들다가 입찰을 하게 된 것이다.


입찰일. 예상했던 것보다 많은 5명이 입찰에 참가했고 최저매각금액인 6,080만 원보다 883만 원을 더 쓴 내가 낙찰을 받았다. 나는 잔금을 치르기 1주일 전에 그 집을 방문했다. 한 손에 음료수 박스를 들고서 초인종을 누르자 대답이 없다. 3시간 정도 집 앞에서 기다렸더니 무당 아주머니를 부축하면서 스쳐 지나가던 여자가 집으로 들어가는 게 아닌가. 나는 곧바로 올라가서 초인종을 눌렀다. 그러자 문은 열어주지도 않은 채 안에서 차가운 말이 쏟아졌다.

"누구야?"

"네, 낙찰받은 사람입니다."

"가요."

"잠깐 뵙고 말씀드릴 것이 있는데요."

"가라니까!"

씩씩거리며 고함치는 소리를 뒤로한 채 나는 그 집에서 돌아서야만 했다. 지금 만나서 이야기해봤자 좋을 것이 없다는 판단에서다. 집 앞에 있는 야채가게 아주머니에게서 들은 이야기를 종합해보니 무당 아주머니는 지금 사경을 헤매고 있고, 내게 소리를 치던 여자는 무당 아주머니의 수양딸이라는 것이다.

잔금을 치르고 다시 무당 아주머니 집으로 갔다. 집에 가기 전에 야채가게에 들렀더니 무당 아주머니가 어제 돌아가셨다는 게 아닌가. 빈소가 어딘지 물어보고 나는 바로 장례식장으로 향했다.

장례식장에 도착하니 다른 곳은 사람들로 북적이는데 딱 한 곳, 무당 아주머니 빈소에만 소복을 입은 수양딸이 홀로 빈소를 지키고 있었다. 내가 빈소에 들어서니 수양딸은 내가 누군지 짐작이 가는지 얼굴을 찡그린다. 그러나 나는 전혀 아랑곳하지 않고 영정 사진을 쳐다보는데, 나도 모르게 갑자기 눈물이 쏟아졌다.

얼마나 불쌍한지, 얼마나 안됐는지…. 부모님이 돌아가신 것처럼 곡을 하며 울자 옆에 있던 수양딸도 같이 곡을 하며 우는 것이었다. 그렇게 한참을 울고 난 뒤 수양딸과 맞절을 하고 조의금 봉투를 전하며 이렇게 말했다.

"얼마나 상심이 크세요. 집 걱정은 하지 마시고 장례 잘 치르시길 바랍니다. 그리고 나중에 안정이 되시면 이 명함에 있는 전화번호로 연락주세요."

그러고는 뒤돌아 나오는데 수양딸이 쉰 목소리로 "연락드릴게요. 고맙습니다."라고 인사한다. 이 말을 듣고 나니 도저히 발길이 떨어지지 않았다. 그래서 수양딸 혼자 지키고 있는 텅 빈 빈소 옆에서 새벽까지 머물다 돌아왔다.

그리고 3주 정도 지났을까. 수양딸로부터 전화가 왔는데 집으로 오라고 한다. 낙찰받은 집에 도착하니 수양딸은 어느 시골 처자처럼 다소곳하게 나를 반긴다. 맛있게 타준 커피를 마시며 장례를 치른 뒷이야기를 들었다. 장례를 마치고 곧바로 굿을 해주었는데 굿을 하는 동안 혼령이 너무 슬퍼해서 많이 힘들었다고…. 그리고 혼령이 집에 있는 물건들을 달라고 해서 집 안에 있는 물건들을 전부 다 태워버렸다고 한다. 동사무소에서 수거용 스티커를 얻어와 붙여놓은 농만 덩그러니 남아있었는데, 무거워서 밖에 내놓지 못했다고 그 농만 치우면 된다고 한다. 그러고는 큰방에 있던 제수상을 치우고 제수상 가운데 있던 부처님을 노란 보자기로 싸고서는 또 한참을 통곡한다. 차마 옆에서 쳐다볼 수가 없었다.

그렇게 명도를 마쳤는데도 한동안 무언가에 홀린 듯 일이 손에 안 잡혔다. 내 옆에서 통곡하던 그 수양딸도 자꾸 눈앞에서 어른거리고 해서, 나는 수십 년간 배인 그 집 안의 향내도 지울 겸 대대적인 리모델링을 했다. 다행히 리모델링을 하는 도중 임차인이 나타나 보증금 2,000만 원에 월세 40만 원으로 계약을 했다.

이 빌라는 낙찰받은 지 1년 반 정도 지나자 시세가 1억 5,000만 원을 넘어갔는데, 현황조사서를 활용해 수익을 올린 대표적인 사례다. 이렇게 명도에 어려움이 예상돼 피하게 되는 물건에 입찰하면 생각보다 명도가 어렵지 않게 풀리는 경우도 많다는 걸 초보자들은 잘 모를 것이다.

# 마티즈와 에쿠스

경매를 통해 재테크에 성공한 모 기업 임원으로부터 전화가 걸려 왔다.

"배 이사님 잘 지내시죠? 이번에 원주 임야를 무조건 낙찰받아야 하는데 도와주셨으면 해서 이렇게 전화 드렸습니다."

"아, 네 도와드려야지요."

전화를 끊고 그분이 알려준 물건을 찾아보니 임야 8필지 8만 평이 감정가 3억 2,000만 원에 나와 있다. 무조건 낙찰을 받아야 한다는 그 말에 나는 다음 날 원주로 가서 현장을 확인하고 시세를 파악했다.

입찰일. 모 기업 임원은 서초동에 있는 건설회사 사장을 만나서 그 사람 이름으로 입찰에 들어가라고 한다. 내가 제일 아끼는 애마 마티즈를 끌고 아침 일찍 서초동 건설회사 사무실로 갔더니 주차장을 지키는 주차요원이 인상을 쓰면서 다가온다.

"뭐요?"

"네, 사장님 만나러 왔는데요."

주차요원이 머리를 갸웃거리며 정문으로 가려고 할 때 뚱뚱한 사람이 거들먹거리며 다가온다. 그 사람은 내 얼굴 한 번 보고, 내 차 한 번 보고 그러면서 퉁명하게 내뱉는다.

"당신이 배 이사요?"

"네, 제가 배중렬입니다."

내 말이 끝나자마자 그 사람은 자기소개도 하지 않고 주차장 제일 앞에 놓인 에쿠스 뒷좌석에 올라타며 나한테 앞에 타라고 손짓한다. 뒤에 앉는 걸 보니 사장인 것 같은데…. 군말 없이 앞에 탔더니 그 사장보다 더 얼굴이 험악한 기사가 나를 째려본다. 나는 무슨 죄인처럼 한 시간이 지나도록 아무 말도 못했다. 험악한 기사와 뒤에 앉아 있는 거만한 건설회사 사장의 눈치를 보면서, 졸려도 졸지 못하고 군대에서 배운 부동자세로 그렇게 원주까지 갔다. 그런데 원주에 이르러 원주지법으로 차머리를 돌리려 할 때, 나는 나도 모르게 소리를 질렀다.

"차 돌려! 이 사람이 정신이 있는 거야, 없는 거야! 이 차가 원주지법으로 들어서면 우리가 원주 임야 입찰 들어온 사람들이라고 알리는 거나 마찬가진데, 동네방네 입찰 들어 왔다고 떠들 일 있소!"

순진하게 생긴 내가 버럭 소리를 치자 그 험악한 기사는 원주지법에서 1킬로미터 정도 떨어진 유료주차장으로 차를 몰았고, 뒷자리의 사장은 보고 있던 신문을 내려놓고 나를 쳐다본다. 차를 주차한 후 원주지법으로 올라오면서 건설회사 사장은 내게 입찰가를 얼마 쓰면 되겠냐고 물어본다.

그동안 조사했던 자료를 토대로 5억 3,800만 원을 제시했다. 그러자 그 사장은 놀란 눈으로 재차 물어본다.

"얼마를 쓰라고요?"

"5억 3,800만 원이요."

내가 강한 어투로 이야기하자 사장은 곧바로 나를 추천해준 모 기업 임원에게 전화를 걸었다. 그리고 내가 쓰라고 한 입찰가가 못마땅한 듯 이야기하자 전화기에서 들리는 목소리가 얼마나 큰지 옆에 있는 내게도 들렸다.

"그분이 쓰라면 그렇게 써!"

그동안 모 기업 임원을 도와 경매 컨설팅을 해주면서 차순위와 거의 완벽한 근사치로 입찰가를 써서 낙찰을 받아주었기에, 그 임원은 나를 경매의 신(?)으로 알고 있었다. 이번 물건에 건설회사 사장과 공동투자를 하는 상황이라 그동안 신뢰를 쌓았던 나를 추천해준 것인데, 처음 해보는 건설회사 사장은 내 실력을 못 믿고 이렇게 전화를 했다가 퇴박만 당한 것이다.

입찰서에 가격을 적어 내고 고통스런 한 시간이 지나갔다. 입찰함 개봉을 시작하는데 그날 진행하는 물건 중 가장 많은 사람이 입찰한 물건을 먼저 부르겠다고 한다. 총 29명이 입찰해서 가장 높은 경쟁률을 보인 원주 임야 물건부터 호명하기 시작했다.

감정가 3억 2,000만 원에 29명이나 입찰한 이유는 이 물건이 원주 문막 인터체인지에서 차로 5분 거리에 위치해서 전원주택 자리로서는 최고였기 때문이다. 그래서 난다긴다하는 건설회사들이 다 들어온 것이리라.

지원마다 호명 방식이 조금씩 다른데, 원주지원은 제일 높은 가격을 써낸 사람부터 먼저 부르는 방식이었다. 과연 누가 최고가액을 써서 가장 먼저 호명이 될까? 잠시 후 내가 컨설팅을 해준 건설회사 사장의 이름이 제일 먼저 불리자 그렇게 거만하던 사장의 얼굴이 금세 파래진다.

그다음 차순위의 이름을 호명하며 입찰가를 공개하는데….

"김○○ 5억 2,300만 원."

차순위와 1,500만 원밖에 차이 나지 않은 것이다. 그런데 앞에 나가 있는 건설회사 사장에게 차순위자가 뭐라고 회유를 하는지 사장이 방청객 속에 있는 나를 쳐다본다. 나중에 안 사실이지만 차순위자는 지방 고위층과 인척 관계였고, 미리 작업(?)을 다 해놓은 물건인지라 낙찰받은 그 사장에게 1억을 줄 테니 물러나라고 했단다.

　그렇게 낙찰을 받고서 돌아오는 차를 타기 위해 유료주차장으로 갔는데, 그 거만한 사장이 나보고 뒤에 타시라고 하면서 문까지 열어준다.
　'짜식, 진작에 알아보지.'
　서초동에 돌아와서도 주차장에 있는 내 애마 마티즈를 타고 돌아가는 모습을 끝까지 지켜보면서, 그 건설회사 사장은 기사와 함께 머리를 숙여 인사를 한다.

# 구슬이 서 말이라도 꿰어야 보배

앞서 나왔던 원주 임야는 총 면적이 8만 평에 감정가가 3억 2,000만 원이었는데, 최종 낙찰가는 5억 3,800만 원이었다. 그럼 이렇게 높은 가격에 사람들이 낙찰을 받는 이유가 무엇일까?

이 임야는 앞에서도 말했듯이 전원주택 단지로 조성될 노른자 중의 노른자 땅이다. '구슬이 서 말이라도 꿰어야 보배'라는 말이 있듯이, 이런 고급정보를 가지고 있더라도 낙찰을 받아야만 수익을 볼 수 있는 것이다. 나는 이 물건을 낙찰받아 융자 알선과 등기 이전에 도움을 주고 컨설팅 비용을 받았을 뿐이지만, 이 물건에 지분을 투자한 사람들은 최소한 두 배 이상 벌었을 것이라 짐작만 한다.

그러면 입찰가는 과연 어떻게 산정해야 되는가? 경매에 참여해본 사람이라면 누구나 입찰가 산정 때문에 골머리를 앓은 적이 있을 것이다. 얼마 전, 자기가 살고 있는 지역의 물건에 대한 임장활동을 부단하게 했던 '야생화의 실전경매' 카페 회원님이 25평형 빌라를 낙찰받기 전 나에게 하소연하던 것이 생각난다.

"야생화님, 정말 잠이 안 오네요. 걱정만 자꾸 되고 얼마를 써야 할지 머리에 쥐가 날 정도예요."

그렇게 오랜 시간 동안 머리를 쥐어짜고 고심하며 임장활동을 게을리 하지 않았기에, 좋은 물건을 싸게 낙찰받을 수 있었던 것은 아닐까? 여러분 역시 단독 입찰이 아닌 이상 유효 경쟁자를 예상해야 되고 그들의 예상가를 신경 쓰지 않을 수 없다. 도대체 얼마를 써 넣어야 할지 말이다. 그래서 입찰가를 산정하는 방법 몇 가지를 정리해본다.

**첫째, 낙찰가율을 파악하라.**

낙찰가율이란 최초감정가에 대한 낙찰가의 비율로 낙찰가율이 80퍼센트라고 하면 1억짜리 아파트가 8,000만 원에 낙찰되었다는 뜻이다. 여기서 주의할 점은 낙찰가율은 감정가 기준일 뿐 시세가 아니라는 점이다. 만약 시세가 감정가보다 높으면 수익도 더 높아질 것이다.

**둘째, 입찰경쟁률을 파악하라.**

환금성이 뛰어나고 명도가 손쉬운 아파트의 경우 보통 경쟁률이 10대 1을 넘는다. 그러나 지방 땅이나 권리분석이 어렵고 명도가 어려운 경우는 서너 명 또는 자기 혼자서 입찰하는 경우도 있다. 그래서 경매 고수들은 경쟁률이 높은 아파트보다는 권리분석이 어렵거나 명도가 어려운 다가구와 단독주택을 낙찰받아 수익을 많이 본다.


**셋째, 낙찰률을 주목하라.**

낙찰률이란 입찰에 부쳐진 물건 중 실제 낙찰된 물건의 비율을 말하는데, 보통 100건의 물건이 나오면 약 30퍼센트가 낙찰된다. 만약 40퍼센트가 넘으면 '묻지마'식 투자가 성행하는 경우이고 20퍼센트가 넘지 않으면 경매시장이 얼어붙은 경우이다.

# 흠집 난 사과 이론

명지경매 선배님들로부터 추천받은 최초의 경매 책이 있는데, 당시 대단한 히트를 치고 있던 매일경제신문의 강현구 기자가 쓴 《당신도 이틀이면 경매박사》라는 책이다.

이 책을 새삼 거론하는 이유는 경매입문서로 내가 가장 감명 깊게 읽었으며, 현재 시중에 깔려 있는 부동산경매 입문서들의 효시 역할을 했던 책이기 때문이다. 부동산경매 고수랍시고 여기저기서 강의도 하고 칼럼도 써봤지만, 이 책은 여전히 내 마음속에 바이블로 남아 있다. 절판이 돼서 시중에서 구하기 어려운 이 책이 내 마음의 바이블이 된 이유는 다름 아닌 '흠집 난 사과론' 때문이다. 저자는 이 책에서 경매물건을 사과에 비유해 수익률을 설명하고 있다.

여기 한 상자의 사과가 있다고 하자. 그 안에는 풋사과 A와 흠집 난 사과 B, 몽땅 썩은 사과 C, 이렇게 세 종류의 사과가 들어 있다. 풋사과 A는 경쟁률만 높고 정작 수익률은 높지 않은 지극히 일반적인 물건이고, 흠집 난 사과인 B는 이러저러한 하자가 붙어 있어 초보자들은 응찰하지 못하고 고수들의 잔칫상에 오르는 물건이다. 몽땅 썩은 사과인 C는 선순위 가처분이나 선순위 소유권이전가등기 같은 도저히 치유할 수 없는 하자로 인해 손대면 절대 안 되는 물건이다.

여기서 주목해야 할 물건이 바로, 일부는 상했지만 상한 부분을 잘만 도려내면 나머지 부분을 훨씬 더 달고 맛있게 먹을 수 있는 사과 B이다. 기가 막히게 적절한 비유다.

고수들은 B 같은 물건을 보면 어디를 어떻게 도려내고 먹어야 할지를 귀신처럼 파악해, 평균 이하의 가격으로 낙찰받아 하자를 치유한 뒤 일반 물건보다 높은 수익을 얻는다. 도려내야 하는 수고가 있어서 그렇지 그 단맛은 풋사과에 비할 바가 아니다.

A처럼 정상인 물건의 평균 낙찰가격이(2회 유찰 시) 소유권이전 비용까지 모두 70퍼센트·선이라고 한다면, 하자가 있어 초보자들이 달려들지 못하는 B와 같은 물건은 한두 차례 더 유찰되기 마련인데, 고수들은 소유권이전비용까지 포함해 거의 반값인 50퍼센트 선에 낙찰받아 초보자들을 놀라게 한다.

초보자의 경우 당분간은 이런 물건에 입찰해 고수들과 경쟁하기를 기대할 수는 없지만, 영영 포기할 필요까지는 없다. 꾸준히 실력을 길러둔다면 언젠가는 일부 하자 있는 물건에 도전해서 달콤한 열매를 딸 수 있는 날이 올 것이다. 한 걸음씩 서두르지 않고 가는 그 길에 여러분 인생의 달콤한 '사과나무'가 무럭무럭 자라고 있을 테니까.

# 유치권의 진실

3~4년 전부터 경매시장에 부쩍 유치권을 신고한 물건들이 많아졌다. 이렇게 유치권을 신고한 물건은 해결도 쉽지 않고 잔금대출도 어려워 소액을 가지고 투자하려는 초보자들은 접근을 꺼린다.

2007년, ○○학원에서 강의를 하고 있는데 동료 교수님이 경매물건을 가지고 자문을 해왔다. 안산시 단원구 고잔동에 있는 근린상가로 감정가 5억 원, 최저가 2억 5,600만 원이고, 임차인이 유치권 1억을 신고한 물건이었다.

그 분은 낙찰받은 물건으로 꾸준한 임대수익을 바라셨다. 임차인의 임차금이 보증금 4,000만 원에 월세 250만 원이라고 현황조사서에 나와 있는 것을 보고, 거품을 물면서 꼭 낙찰받아야 한다고 하신다. 본인 스스로 민사특별법도 잘 알고 '유치권'도 잘 안다고 하면서 임차인이 신고한 유치권은 인정받을 수 없다고 단언을 하신다. 그러기에 나는 간단히 조언만 해드리고 물러나려 했다.

그런데 실전경험도 없이 막상 '유치권'이 걸린 물건을 입찰하려니까 걱정이 됐는지 갑자기 나한테 사정을 하는 것이다. 하는 수없이 작은 사례금을 받기로 하고 물건분석에 들어갔다.

임차인 홍○○이 신고한 유치권 1억 원은 과연 무엇일까? 만약에 새 임차인이 들어온다면 얼마 정도에 임차금을 받을 수 있을까? 현황조사서에는 '단란주점'으로 나와 있는데, 혹시 '각두기'들이 운영하는 곳은 아닌지 궁금한 것이 많았다.


며칠 후, 안산으로 가서 임장을 했다. 굿옥션에 나와 있는 사진을 봐서인지 상가들이 낯설지가 않다. 입찰하려는 곳에 걸려 있는 간판이 눈에 확 들어왔다.

'여우단란주점'

'여우들이 사는 곳인가?'

나는 곧바로 안산시청에 들어가서 관련 서류를 떼어 면밀히 검토했다. '단란주점'을 하려면 우선 시청으로부터 허가를 받아야 한다. 근린시설에는 허가가 나올 수 있는 곳도 있지만 허가가 나오지 않으면 나중에 시정을 해야 하기에 많은 어려움이 따른다. 역시나 이곳도 '단란주점'으로 허가를 받은 곳이 아니고 '일반대중음식점'으로 허가가 난 것을 확인했다.

여우단란주점에 올라가 보니 오후 5시인데도 문이 굳게 잠겨 있었다. 2시간 정도 지났을까? 간판 불이 켜진 것을 확인하고 다시 올라갔다.

두꺼운 문을 열고 안으로 들어서니 아가씨가 반갑게 맞아준다. 대형 룸이 4개, 중형 룸이 2개, 그리고 작은 바까지. 직업이 직업인지라 나는 안내받아 들어가는 중에도 내부를 꼼꼼히 살폈다.

아가씨 두 명이 과일을 가지고 들어와서 맥주를 한 잔 따른다. 시원하게 목을 축이고서 나는 마담을 찾았다. 그러자 내 옆에 앉은 아가씨가 자기가 바로 주인이란다. 곧바로 명함을 보여주며 이야기를 꺼냈다. 지금 경매가 진행 중인 상황과 현재 임차인인 마담의 권리, 그리고 유치권을 주장한 내용에 대해서 침을 튀겨 가며 30분 가까이 설명을 하자 두 아가씨는 이렇게 이야기한다.

"그럼 우리는 어떻게 해야 하나요? 단골손님 중에 부동산을 하시는 분이 계셔서 물어봤더니 '유치권'을 신고하라고 해서…. 그분 말씀이 우리가 신고한 유치권을 다 받을 수 있다던데…."

'아, 혈압!'

나는 목소리를 높여 이렇게 이야기했다.

"누가요? 임차인 자신이 필요해서 설치한 비용을. 계약서 단서조항에 임차기간이 끝나면 원상복구에 대해 적어놓았는데, 왜 낙찰자가 그 설치에 들어간 비용을 물어줍니까?"

조목조목 임차인의 진정한 권리를 알려주자 기어들어가는 목소리로 다시 묻는다.

"그럼 어떻게 해야 되나요?"

예상한 시나리오대로 반응이 나오자 나는 자신 있게 앞으로의 진행 방향에 대해 이야기했다. 먼저 보증금 4,000만 원을 한 푼도 배당받지 못하고 시설비도 받지 못하는 주인을 배려해줘야 했다. 그래서 내가 만약에 낙찰을 받는다면 새로운 임차인에게 시설비라도 받아서 빨리 나갈 수 있도록, 보증금 2,000만 원에 월세 180만 원으로 재계약을 해주겠다고 제안했다.(안산시 단원구 고잔동에 위치한 이 정도 단란주점이라면 보통 보증금이 5,000만 원이 넘고 월세도 300만 원이 넘는다.) 주인은 그동안 마음고생이 많았는지 한숨을 내쉰다.

이야기를 하다 보니 언제 들어왔는지 내가 있는 방에는 웨이터와 아가씨들이 빙 둘러 앉아 있었다. 그동안 자기들끼리 머리를 맞대고 여우단란주점의 장래에 대해서 얼마나 많은 이야기를 나누었겠는가? 주인은 몇 번에 걸쳐 낙찰을 받게 되면 내가 제시한 조건으로 계약을 해줄 수 있느냐고 물어본다. 그동안 얼마나 불안했으면 그럴까 하는 생각에 나는 그 자리에서 '이행합의서'를 써주기로 했다.

그러면서 나도 제안을 하나 했는데, 바로 '유치권포기각서'이다. 임차인이 유치권을 신고했기 때문에 낙찰자로선 잔금대출을 받을 수 없는 상황이다. 그러나 유치권포기각서를 법원에 제출하면 대출을 받을 수 있다. 이렇게 좋은 조건에 계약을 해주고 유치권포기각서를 법원에 제출하기로 하는 이행합의서를, 낙찰도 받지 않은 채 여우단란주점에서 작성한 것이다.

입찰일이 되어 안산지원으로 갔다. 그런데 아시는가? 그 며칠 동안 마음고생이 많았다는 것을. 이행합의서까지 작성해놓고도 못 미더웠는지 그녀는 몇 번에 걸쳐 전화를 걸어왔다.

"꼭 낙찰받으셔야 돼요."

"우리가 맺은 이행합의서대로 약속을 지켜주셔야 돼요."

"오늘 손님이 없는데 오셔서 좀 더 구체적으로 말씀해주시면 안 될까요?"

입찰일 전날까지 전화를 해서는 그동안 나가지도 않던 교회에 나간다고 자랑 아닌 자랑을 한다. 그러면서 자기가 기도를 했으니 꼭 낙찰받을 거라고 한다. 그만큼 간절하다는 뜻이리라.

나는 입찰장에 들어서자마자 곧바로 입찰가를 적어 입찰함에 넣었다. 책에서 나오는 이야기처럼 잔머리를 굴릴 필요가 없었다. 근린상가의 단란주점을, 유치권 1억 원이 신고 된 물건을 감정가대비 50퍼센트에 들어올 사람은 없다는 확신이 섰기 때문이다. 만약에 그녀가 나와 맺은 계약을 배신하고 모종의 다른 거래를 맺었다면, 쓴 소주 한잔에 마음을 달래면 될 것이다. 그래, 어디 한두 번 당하는 일이던가.

그녀의 기도는 응답이 돼 돌아왔다. 낙찰가 2억 5,600만 원. 예상대로 아무도 안 들어왔다. 단독 입찰해서 낙찰받은 것이다.

보증금 영수증을 받아서 나오는데 왜 그리 많은 사람들이 따라오는지.

"타경번호 좀 알려주세요."

"전화번호는요?"

"얼마가 필요하세요?"

잔금대출을 해주겠다는 아주머니들을 뒤로하고 나는 나오자마자 그녀에게 전화를 걸었다.

"응답받으셨습니다."

얼마나 좋아하는지, 지금 올 수 없냐고, 축하주 한잔해야 하는 거 아니냐고 야단이다. 그러나 나는 단호하게 거절했다. 사실, 내게는 그럴 만한 이유가 있었다. 그동안 경매를 10년 가까이 해오면서 이상한 징크스가 생겼다. 입찰하는 날 경매법정에 들어설 때 아는 사람을 만나면 꼭 입찰에서 떨어지고, 낙찰을 받고 난 뒤 축하주를 마시면 꼭 '취하'가 되든지 아니면 '낙찰불허가'가 된다. 그래서 나는 자신이 낙찰받은 것처럼 기뻐하는 그녀의 호의를 마다한 것이다.


법원으로부터 낙찰허가가 떨어지고 다시 열흘 뒤, 송달된 잔금납부 통지서를 받아들고 안산으로 내려갔다. 예쁘게 차려입고 나온 여우단란주점 주인은 나를 보자마자 10년 만에 만난 오빠처럼 기뻐한

다. 그녀에게 내가 작성한 유치권포기각서를 내밀며 경매계에 제출
케 하고 접수증명을 받아들고 나왔다.

다음 날, 그동안 거래해왔던 농협에 가서 낙찰가의 70퍼센트를 잔
금대출 받기로 하고, 나머지 돈은 대출담당 법무사 통장에 입금을
해줬다. 일주일이 지나자 권리증이 나왔고 한 달 전에 약속한 이행
합의서대로 계약서를 작성했다.

여우단란주점은 6개월 뒤 새로운 임차인에게 권리금을 받아 이사
를 갈 수 있었다. 일사천리로 진행되는 과정을 지켜보던 그녀와는
이 일로 인연이 되어, 안산에 있는 작은 아파트를 낙찰받는데 도움
을 주기도 했다.

가끔 까다로운 물건을 만나 어려움을 겪게 되는 경우도 있지만,
앞의 사례처럼 인간관계를 통해 어렵지 않게 풀리는 경우도 많다는
것을 경험해본 사람들은 충분히 이해하리라.

# '미상'을 분석하면 수익이 두 배

　법원경매를 하다 보면 현황조사서에서 가끔씩 '미상'이라는 단어를 접하게 된다.

　2007년, 나는 감정가 7,000만 원에서 세 번이나 유찰돼 3,584만 원에 나온 은평구 역촌동에 있는 빌라를 유심히 살펴보았다. 재개발 때문에 낙찰가율이 100퍼센트를 넘는 지역이었는데도 유독 이 물건만 이렇게 51퍼센트까지 떨어진 이유는, 선순위 임차인으로 의심되는 '문○○'가 현황조사서에 '미상'으로 등재돼 있고 권리신고도 하지 않았기 때문이었다. 임차인이 분명하다면 임차 보증금을 인수해야 하지만, 만약 임차인이 아니라면 인수하지 않아도 되므로 나는 이 물건을 집중적으로 조사했다.

먼저 동사무소부터 찾아갔다. 전입을 조사해봤더니 소유주 ‘최×× ’과 임차인으로 의심되는 ‘문○○’가 각각 전입을 한 것으로 나왔다. 그 집에 가서 편지함을 확인했더니 전기요금통지서와 다른 우편물 모두 소유주 최×× 이름으로 발송된 것을 확인했다. 그러나 최초근저당보다 전입이 빠른 문○○은 권리신고를 하지 않았기 때문에 임차인 여부를 확인하기가 어려웠다. 부득이 근저당을 해준 분을 찾아가서 만나봤더니 이 경매사건의 진행여부에 대해 자세히 설명을 해준다. 무엇보다 가장 중요한 정보인 ‘문○○가 소유주 최××의 어머니’라는 사실을 알려줘서 나는 이 물건에 입찰을 하기로 결정했다.

최저가 3,584만 원보다 6만 원을 더 올려 3,590만 원에 입찰을 했더니 단독입찰이었다. 나는 낙찰받은 집으로 찾아갔지만 아무도 만날 수가 없었다. 근저당보다 먼저 전입이 되어 있는 문○○ 때문에 잔금대출을 받을 수가 없어 나머지 잔금을 겨우 마련해 납부한 뒤, 촉탁등기를 직접 해서 소유권 이전등기까지 마쳤다. 그날 저녁에 다시 가서 문을 두드리니 어느 여자 분이 문을 열어준다.

“어떻게 오셨어요?

“네, 낙찰받은 사람인데 이사를 언제 가실지 여쭤보려고요.”

“아~ 그럼 문○○의 임차보증금은 갖고 오셨나요?”

나를 째려보면서 말을 한다.

“문○○은 집주인 어머니 아니신가요?”

아주머니는 얼굴을 찡그리며 문을 쾅 하고 닫아버린다. 그러고는 집안에서 큰 목소리로 이렇게 이야기하는 것이다.

"문○○의 임차보증금을 주지 않으면 절대 나가지 않을 거니까 마음대로 하세요!"

아주 막가파다. 실무를 하다 보면 이런 막가파들을 종종 접하게 되는데, 이럴 때는 약하게 나가면 안 된다. 나도 큰 소리로 이렇게 외쳤다.

"어머니가 임차인이 아니면서도 임차인으로 주장하면 어떤 처벌을 받는 줄 아십니까?"

"……."

"좋습니다. 이런 식으로 하시면 저도 법적으로 대응하겠습니다."

며칠 후, 내 전화번호를 경매계장을 통해 알아낸 소유자는 내게 전화를 해왔다. 그런데 목소리가 이상하다. 신경질적으로 대할 줄 알았던 그 사람은 아주 부드러운 목소리로, 예의를 다하듯 존칭을 붙여가면서 이야기를 하는데 핵심은 '이사비용'을 많이 달라는 것이었다. 명도소송으로 갈 것까지 염두에 두고 시작한 은평구 역촌동 빌라는 이사비용 300만 원을 주는 것으로 쉽게 해결할 수 있었다.

이 사례와 같이 등기부등본에 등재된 말소기준권리보다 앞선 전입이 있을 때는, '현황조사서'를 작성하는 집행관이 '주의 요함'과 '미상'이라는 단서를 붙여준다. 그러면 이 물건에 근저당이 언제 설정됐는지를 살펴보고, 은행에서 대출을 해준 금액이 많다면 임차인을 의심해보라.

만약 전입한 사람이 권리신고를 하지 않거나 배당요구를 하지 않으면 임차인이 아닐 경우가 많으며, 확정일자가 없는 상태에서 권리신고를 한 임차인도 위장임차인일 경우가 많다. 단, 임차인이 말소기준권리인 근저당보다 전입이 먼저 돼 있고 낙찰자에게 대항력을 주장한다면 '명도청구소송'을 진행해야 한다.

# 보증금 1억 원이 걸린 명도소송

　명지경매의 이 이사님이 내게 경매물건 하나를 추천해주셨다. 감정가 1억 4,000만 원짜리가 세 번이나 유찰돼 최저가 7,200만 원에 나왔는데, 이렇게까지 떨어진 이유가 있었다.

　이 물건에는 주민등록상 '김○○'이 전입되어 있고, 매각물건명세서에 '보증금이 있는 임차인일 경우 인수여지 있으므로 주의를 요함'이라고 나와 있었다. 그런데다가 배당요구 종기일이 지난 뒤에 임차인 김○○이 보증금 1억으로 권리신고를 했기 때문이다. 이렇게 경매가 진행 중에 권리신고를 한 김○○ 때문에 이 물건은 세 번씩이나 유찰됐던 것이고, 만약 김○○이 진정한 임차인이라면 보증금 1억을 인수해야 하는 상황이었다.

이 이사님이 묘한 미소를 지으며 내게 물어보신다.

"배 이사는 김○○이 진짜 임차인이라고 생각하나?"

내가 얼른 대답을 못하자 이사님은 지나가는 말로 김○○이 소유자의 장모라고 일러주신다. 나는 놀랐다. 아니 어떻게 아셨을까?

경매하는 분들 중에는 겉으로 드러나지 않아서 그렇지 대단한 실력을 가진 숨은 고수들이 가끔 계시는데, 이 이사님이 바로 그런 분이라고 할 수 있다. 지난 15년 동안 누구의 도움도 받지 않고 혼자서 경매를 해오셨으며, 일반인들이 꺼리는 '특수물건'만 집중 분석해 많은 수익을 얻는 대표적인 '재야의 고수'였다. 나는 10년 전 이분과 사귀어보려고 갖은 노력을 다 해보았지만, 당시만 해도 병아리였던 나 같은 사람과 어울릴 분이 아니라는 것만 번번이 확인하고 물러서야 했다.

그러나 '고진감래苦盡甘來'라고 했던가. 세월이 흘러 이 이사님이 '명지경매'에 들어오셔서 부족한 나를 가르치고 계신 것이다. 아무튼 나는 이사님의 결정적 한마디로 이 물건에 입찰을 결심하게 됐고 단독으로 낙찰을 받았다. 아마도 다른 사람들은 보증금 1억을 신고한 김○○이 진정한 임차인이라 판단하고 입찰을 하지 않았겠지만, 나는 1억을 인수하지 않고 명도소송을 통해 승소할 자신이 있었기에 과감하게 입찰했던 것이다.

낙찰을 받고 한 달이 지났을까? 선순위 임차인 신고가 된 이 물건은 잔금대출을 받을 수가 없어서, 여기저기서 어렵게 마련한 돈으로 잔금을 치르고 낙찰받은 집을 찾아갔다. 그러자 그 집에 거주하고 있던 김○○은 계약서를 보여주며 간단하게 이야기한다.

"보증금 1억을 내놓으면 나가죠."

역시 예상했던 대로다. 계약서도 5년 전에 작성한 계약서가 아닌 것 같았다. 내게 보여준 계약서는 분명 새것이었고 더구나 확정일자도 받지 않았다. 부동산 중개를 한 ××부동산은 내가 이전부터 잘 아는 곳이었다. ××부동산으로 찾아가서 인사를 드린 후 내가 낙찰받은 그 집에 대해 물어보니, 사장님은 얼굴을 붉힌 채 대답을 회피한다. 아무리 사정을 해도 ××부동산 사장님은 내게 도움을 줄 수 없다고 하면서 무조건 '노코멘트'란다.

나는 여러 가지 정황을 모아 명도소송을 하기 전에 김○○을 대상으로 인도명령을 신청했지만 기각을 당했다. 심증은 가지만 물증은 없고 승소할 자신은 있었지만 명도소송은 서로의 마음에 상처를 주는 것이라 되도록 피하고 싶었기 때문이다. 그러나 일이 이미 여기까지 진행된 이상 물러설 수는 없는 상황이었다. 나는 차근차근 가옥명도에 대한 준비서면을 만들어 명도소송을 진행했다.

명도소송에서 나는 임차인이 채무자 겸 소유자의 장모라는 점을 강조했다. 또한 확정일자를 받지 않은 것과 계약서가 모녀지간에 이뤄진 점을 지적하며, 계약서가 작성된 시점에 보증금을 주고받았는지에 대한 정확한 증거자료를 요청했다.

그리고 네 가지 서류를 명도소장에 첨부하였다.


갑증 제1호 전 소유자 구○○의 주민등록초본 사본 1통

갑증 제2호 피고 김○○의 주민등록초본 사본 1통

갑증 제3호 임대차 계약서 사본 1통

갑증 제4호 피고 김○○의 권리신고서 사본 1통


명도소송을 제기하고 2주가 지나서 김○○은 답변서를 제출했는데, 자신은 진정한 임차인이라고 강조하면서도 정작 중요한 보증금은 현금으로 줬다고 해놓았다. 그래서 나는 김○○의 주장을 반박하는 답변서를 제출했고 이후에도 몇 번에 걸쳐 답변서를 주고받았다.

그렇게 몇 달이 지났을까. 판사님이 변론기일을 잡아주셨는데, 판사님 앞에서 김○○은 목소리를 높여가면서 재차 자신이 진정한 임차인이라고 주장하는 것이었다. 그러자 판사님은 입증 책임이 피고 김○○에게 있으니 보증금을 주었다는 입증자료를 제출하라고 하신다. 판사님의 요구에 김○○은 보증금을 현금으로 줬다는 주장만 되풀이할 뿐 어떤 입증자료도 내놓지 못했다.


한 달 뒤 조정기일이 잡혔다. 조정기일에 판사님은 김○○을 조정실 밖으로 잠깐 내보낸 뒤 내게 이사비용으로 얼마 정도를 줄 수 있는지 물어본다. 내가 300만 원 정도 예상하고 있다고 답변하자, 이번

에는 나를 조정실 밖으로 내보내고 김○○을 다시 불러들여 얘기를 나누었다. 서로의 주장과 의견이 일치하지 않아서 1차 조정은 실패로 돌아갔고 판사님은 다음에 조정판결을 내리겠다고 하셨다.

그리고 2주일 뒤 내게 서면으로 조정판결문이 도착했다. 판결문을 살펴보니 피고 김○○에게 500만 원을 주라고 하면서 만약 이의가 있으면 2주 안에 이의신청을 하라는 내용이었다. 내가 요구한 것보다 많은 액수가 이사비용으로 나왔지만, 너무 오래 소송을 끄는 것도 소모적이라고 생각해 나는 판사님의 조정을 받아들이기로 했다. 다행히 김○○도 판사님의 조정을 받아들이기로 해서 6개월 이상 끌었던 명도소송의 결과는, 보증금 1억 원을 인수하는 것이 아니라 이사비용 500만 원을 주는 것으로 해결됐다.

어렵게만 느꼈던 명도소송이 이렇게 잘 해결되자 나는 이 이사님에게 그동안의 고마움을 진심으로 표했으며, 이사님은 지금도 내 옆에서 여러 가지로 도움을 주고 계신다.


우리 주위엔 너무나 고맙고 좋은 분들이 많다. 그러나 우리는 그분들에게 얼마나 고마운 마음을 표현하며 살까? 지금 이 글을 읽는 분들도 주위에 그런 고마운 분들이 계시는지…. 그렇다면 망설이지 말고 그분들에게 당신의 마음을 표현하시라.

당신 때문에 행복하다고, 당신의 도움으로 여기에 있노라고.

# 심금을 울리는 '파묘' 소리

2005년 1월, 한 해를 새로운 마음으로 맞이하려는 사람들의 분주함이 거리를 메울 때, 나는 포천에 있는 2,000평짜리 임야를 찾아 헤매고 있었다. 매각물건명세서에 '분묘기지권 성립여부 불분명'이라고 나와 있어서 나는 현장에 도착하자마자 마을회관으로 갔다. 경매가 진행 중인 임야에 대해 동네 어르신들에게 여쭤보았지만, 아시는 분이 없어서 면사무소에서 발급받은 임야도를 가지고 이리저리 헤매고 다녔다.

근처에서 유심히 나를 지켜보던 할아버지 한 분이 다가와서는 무엇 때문에 왔는지 물어보시기에, 내가 찾는 임야에 대해 말씀드리니 그분 또한 고개를 갸웃거리며 모르겠다고 하신다. 등기부등본에 나와 있는 소유자의 이름을 말씀드리니 반가운 얼굴로 잘 안다고 하면서 그분의 임야를 알려주신다.

할아버지께서 일러주신 임야를 찾아가서 자세히 살펴보니 임야 중간쯤에 잡풀이 무성한 묘지 1구가 있었다. 돌아오는 길에 할아버지를 만나 다시 여쭤봤더니 오랫동안 찾는 이가 없는 묘라고만 말씀하신다.

매각물건명세서에 '분묘기지권 성립여부 불분명'이라고 나와 있는 데다, 실제로 임야 중간에 묘가 자리 잡고 있어서 입찰을 포기하려 했었다. 그러나 인근 지역 임야가 평당 50,000원 이상인 반면에, 이 물건은 최초 감정가가 평당 23,000원이었고 두 번씩이나 유찰돼 최저가가 평당 14,000원이었다. 나는 평당 15,000원으로 계산해 입찰을 했다.

다행히 다른 입찰자들이 없어서 내가 단독으로 낙찰을 받았다. 소유권 이전까지 마친 나는 임야 중간에 있던 묘지에 작은 팻말을 꽂아놓았다.

땅 주인입니다. 묘지의 자손이 계시면 연락주세요. 017-×××-××××

1월에 팻말을 붙여놓고 추석이 지난 뒤 묘지에 가봤지만, 팻말은 그냥 그대로 있었고 아무도 찾아온 흔적이 없었다. 시간은 흘러 1년이 다되도록 기다렸지만 아무도 연락이 없었다. 일단 묘지에 팻말을 설치한 것을 사진으로 남겨 두고, 소유권이전 한 등기부등본을 가지고 면사무소에 가서 무연고처리에 대해 담당자와 상의했다. 담당자가 신문 공고를 하라고 해서 16만 원을 내고 2회에 걸쳐 일간지에 광고를 냈는데도 아무런 연락이 없었다. 결국 면사무소에 가서 개장허가를 신청하니 2주일 뒤에 허가가 나왔다. 그리고 묘지이장을 전문으로 하는 장례업체에 200만 원을 주고 이장을 맡겼다.

이장하는 날. 간단한 제상을 차려 절을 마친 인부들은 큰소리로 '파묘'를 외쳐댔다. 산속에 울려 퍼지는 인부들의 '파묘' 소리는 곁에 있던 나까지도 심금을 울리게 만들었다. 아무도 찾아오지 않는 묘! 이분도 누군가의 조상이었을 텐데 이렇게 남모르는 이들에 의해 이장을 하게 되었으니…. 안됐다는 생각에 나도 모르게 눈물이 흘러내렸다. 그렇게 정성들여 이장을 한 다음 시신은 화장을 해서 포천 인근에 있는 납골당에 모셨다. 4년이 지난 지금까지도 그 묘지의 자손들은 연락이 없다.

경매물건 중에서 임야는 '분묘기지권'이라는 것 때문에 많은 분들이 입찰을 꺼리므로, 시세보다 아주 저렴한 비용으로 낙찰을 받아 소유할 수 있다. 다만 현장을 꼼꼼하게 확인해 분묘가 있는지를 살펴봐야 하는데, 실무를 오래 하다 보면 의외로 무연고 묘지가 많다는 사실을 알게 된다. 설사 연고가 있는 묘지라 하더라도 자손들과 이장에 대해 대화로 풀어나가면 원만히 해결하는 경우가 의외로 많다. '분묘기지권'이 아무리 막강한 권한이라고 하더라도 자신의 조상님이 남의 땅에 누워 계시는 걸 마음 편히 생각하는 후손들은 없기 때문이다. 그래서 처음에는 이장을 못하겠다고 버티다가도 이장 비용에 대해 협의를 해보자고 연락이 오는 경우가 대부분이다.

# 진정한 경매투자의 고수는 강제집행을 하지 않는다

아무리 남의 일이지만, 이렇게 억울하고 답답할 데가 있나!
보다 못한 나는 낙찰자를 만나서 이렇게 부탁했다.
"사장님, 지하에 사시는 아주머니를 계속 살게 해주시고 보증금 900만 원으로 재계약을 해주세요.
900만 원은 제가 지금 드릴 수는 없지만 앞으로 무료로 컨설팅을 해서 갚겠습니다."

# 900만 원의 빚

　오전 11시가 지났건만 이사님들은 아직 출근 전이다. 40평 경매사무실을 나 혼자만 지키고 있는데 조심스럽게 문 두드리는 소리가 들린다. 남루한 차림의 30대 남자가 경매 컨설팅을 의뢰하겠다고 한다. 모두 출근 전이라서 내가 컨설팅 의뢰를 받아 물건선정 작업을 시작했다.

　서울 마포구 아현동에 나온 '협동주택'이 감정가 8,000만 원에서 두 번 유찰돼 5,120만 원에 나온 것을 선정하고 내가 컨설팅해서 낙찰까지 받았다. 지하에 사는 세입자는 홀어머니와 아들이었는데, 900만 원 전세를 살았다. 어머니는 아현동 동사무소에서 청소를 하고 아들은 정신지체 장애인이었다.

지하 전세방에 찾아갔더니 어머니는 나를 붙잡고 신세한탄을 하며 울기만 하신다. 나는 아주머니를 진정시키고 900만 원 전세금은 법원에서 최우선으로 배당이 나오니까, 그 돈이 나오면 내가 낙찰자에게 잘 말씀드려서 다시 재계약을 해주도록 하겠다고 약속을 했다.

그런데 배당 당일, 법정에서 너무나 황당한 일이 벌어졌다. 900만 원 지하 전세금이 배당에서 제외된 것이다. 사정을 알아보니 '마포구 아현동 ***번지 101호 지하'로 해야 되는데 '마포구 아현동 ***번지 지하'로 전입이 돼 있어서 한 푼도 배당을 받을 수 없다는 것이다.

이 무슨 청천벽력 같은 소리란 말인가. 법정에 같이 왔던 아주머니는 그 자리에서 쓰러지셨고, 나는 그렇게 실신하신 아주머니를 겨우 일으켜 세워 정신을 차리게 했다. 그리고 곧바로 '배당에 대한 이의 신청'을 했지만 이미 엎질러진 물이었다. 판사님에게 아무리 사정을 해도 '안 된다'는 말만 들을 뿐이었다. 채권자인 우리은행 관계자를 찾아가서 사정해도 소용이 없기는 마찬가지였다.

'101호 지하나 그냥 지하나 뭐 다른 게 있다고, 900만 원이 전 재산인 불쌍한 모자를 거리로 내쫓게 한단 말인가!'

나는 선배며 후배며 안다는 사람은 다 찾아다니며 알아봤지만 결과는 같았다. 그런 외중에 어느 법무사님이 한 가지 방법을 알려주시는데, '인우보증'을 해보라고 하신다. 그 아주머니가 아현동 동사무소에서 5년이 넘도록 청소 일을 하셨고 생활보호대상자로 생계비도 계속 지원받아오셨으니, 동장님과 동네 사람들에게 인우보증서를 받아 법원에 제출해보라고 한다.

곧바로 동장님을 찾아갔다. 동장님은 사정이 딱한 것은 알지만 도움을 줄 수 없다고 한다. 그대로 물러설 순 없어서 그 아주머니와 처지가 비슷한 동네 주민 100분에게 일일이 인우보증서에 도장을 받아 법원에 제출했다. 그렇지만 결과는 '노'였다. 아주머니는 잠도 못 주무시고 계속 울기만 하신다.

아무리 남의 일이지만, 이렇게 억울하고 답답할 데가 있나! 보다 못한 나는 의뢰인을 만나서 이렇게 부탁했다.

"사장님, 지하에 사시는 아주머니를 계속 살게 해주시고 보증금 900만 원으로 재계약을 해주세요. 900만 원은 제가 지금 드릴 수는 없지만 앞으로 무료로 컨설팅을 해서 갚겠습니다."

그렇게 매달리며 사정을 하자 그분은 흔쾌히 받아주셨고 지하에 사시는 분과 받지도 않은 900만 원 전세 계약을 해주셨다. 배당도 모르고 권리분석도 할 줄 몰랐던 나의 첫 번째 컨설팅은 이렇게 마무리됐다. 아주머니는 안도의 한숨을 내쉬고 아무 일도 없었던 것처럼 일상으로 돌아가고, 나는 지금도 900만 원의 채무를 갚기 위해 선처를 베풀어 주신 그분에게 무료로 컨설팅을 해드리고 있다.

# 세 번의 배려

2000년 여름, 감정가 8,000만 원짜리 다세대 주택이 64퍼센트까지 떨어진 5,120만 원에 나왔다. 3명의 입찰자 중 5,389만 원을 쓴 내가 낙찰을 받았다.

입찰에 들어가기 전 동사무소에서 전입자를 확인해보니 소유주만 사는 것으로 확인됐다. 내부 구조를 보려고 수차례 방문을 했지만 결국 낙찰받을 때까지 아무도 만날 수가 없었다. 조금은 불안한 마음으로 입찰에 들어가서 낙찰을 받았다. 낙찰허가가 나오고 잔금을 내지 않은 상태에서 방문했더니 고등학생 정도로 보이는 여학생이 문을 열어준다.

집에는 아무도 없고 여학생 혼자만 있는지라 잠시 인사만 나눴다.

이 직업병은 어쩔 수가 없는지 그 짧은 시간에 내부 구조와 싱크대 교체 여부, 방 크기, 욕실 상태를 체크하면서 나중에 입주한 후 수리 여부를 파악했다. 집은 깨끗하게 쓴 편이고 거실과 방 안의 가구도 새것으로 채워져 있었다. 언뜻 봐서는 신혼부부 살림이 아닌가 싶을 정도로 집 상태가 좋아 보였다.

나는 여학생에게 명함을 주면서 아버님이 오시면 연락을 달라고 했지만 잔금을 치르고 며칠이 지나도 연락이 없었다. 하는 수 없이 또 찾아갔다. 밤 10시가 넘었는데도 집에는 아무도 없는지 불이 모두 꺼져 있었다. 그래서 무작정 기다리고 있는데, 멀리서 힘겹게 걸어오는 사람을 보니 직감적으로 그분이 채무자 겸 소유자라는 것을 알 수 있었다. 집에 들어가려는 그분에게 다가가서 인사를 드렸더니 집에 같이 들어가자고 한다.

그런데 불이 꺼져 있어 아무도 없는 줄 알았던 그 집에 그분의 딸이 있는 것이 아닌가.

"실은 전기가 끊어졌습니다. 전기세가 너무 많이 밀려서요."

'아니 요즘 세상에 전기세를 못 내서 전기가 끊어지다니….'

형광등 대신 촛불을 켜놓고 앉아서 보니까 딱하다는 생각부터 먼저 든다. 그분은 그분대로 넋두리처럼 이야기를 풀어놓는다.

"6년 전에 집사람 죽고 나서 죽 혼자 지내다가 2년 전에 아는 사람 소개로 새장가를 들었어요. 여기 가구들도 다 그때 새로 한 겁니다. 근데 이 여자가…. 글쎄 그렇게 빚이 많은 줄 몰랐어요. 나중에 알고 보니까, 순전히 자기 빚 갚으려고 결혼한 거더군요. 그래도 어쩌겠어요. 이렇게 만난 것도 인연이라고 집 하나 있는 거 담보로 잡고 융자를 받아서 거의 다 갚아줬지요. 아 근데, 이 여자가 그새 바람이 났어요, 바람이!"

딸 앞에서 새삼 면목이 안 서는지 이야기하다 말고 슬그머니 딸의 눈치를 본다. 딸은 말없이 고개만 숙이고 있다.

"1년 넘게 그년 찾느라고 사업이고 뭐고 신경을 통 못 썼어요. 집안 꼴도 말이 아니고…. 융자 상환을 계속 연체하다 보니 이 지경이 되고 말았네요. 진짜 경매로 넘어갈 줄은 몰랐어요…. 이제 와서 누굴 원망하겠습니까. 제가 병신이고 죽일 놈이지."

그러다가 결국 고개를 떨어뜨리고 눈물을 흘린다. 다 큰 딸아이 앞에서, 처음 보는 사람 앞에서, 중년의 가장이 울고 있는 것이다.

나는 주제넘게 너무 힘들어하지 마시라고, 잘되실 거라고 위로를 해드렸다. 그리고 어느 때보다 조심스럽게 이사할 날짜를 물어보았다. 그러자 그분은 이사할 돈도 없고 월세 보증금 한 푼도 없다면서 불쌍한 얼굴로 나를 쳐다본다.

딱한 이 사람들을 어쩌겠는가. 조그만 월세 방이라도 마련해드려야 할 것 같아서, 나는 다음 날부터 이 동네 저 동네를 다니면서 알아보다가 보증금 200만 원에 월세 15만 원짜리 방을 찾았다. 어찌나 기쁘던지 곧바로 전 소유자에게 연락해 함께 그 집으로 갔다. 그런데 그 집을 잠깐 둘러본 후 전 소유자가 하는 말.

"제가 아무리 처지가 이래도 과년한 딸이 있는데 어찌 한 방에 같이 살 수 있겠소?"

월세 보증금 200만 원을 이사비용으로 주는 것도 많다고 주변에서 뭐라는 사람들이 있는데, 삼복더위에 땀을 뻘뻘 흘리며 돌아다니다가 겨우 알아본 집인데, 기껏 이런 말이나 듣고 있자니 힘이 쭉 빠진다. 그래도 아비 잘못 둔 딸이 불쌍해서 한 번만 더 집을 알아보자고 마음먹었다. 며칠 동안 방 2개짜리 월세 방을 찾아 헤맸다. 다행히 방 2개짜리가 보증금 300만 원에 월세 20만 원으로 나와 있어서 그걸 소개해줬다. 전 소유자는 썩 마음에 들어 하지 않았지만 내가 마음 써준 일이 고마워서인지 다음 주에 곧바로 이사를 하겠단다.

그런데 이사비용이 걸렸다. 나는 이사비용으로 월세 보증금 300만 원을 주는 입장이라 따로 이삿짐센터를 부를 수가 없었다. 눈치를 살피니 전 주인은 눈만 말뚱거린다. 속에서는 부아가 치밀어 오르지만 그래도 내 형편이 조금 더 낫다고 생각해서 잘 아는 동생에게 연락해 1톤짜리 트럭을 불러 이사를 하게 됐다.

문제는 새로 샀던 가구들이 집에 들어가지를 않는다는 것이다. 그러자 전 주인은 나에게 이 가구들을 가져가서 쓰든지 중고가구점에 팔아서 보증금 일부라도 충당하라고 한다. 그래서 이사를 마치고 그 가구를 집으로 가져왔다.

청소를 하다보면 가끔 그때의 일이 떠올라, 그 아버지와 딸은 잘 살고 있는지 걱정 아닌 걱정을 하게 된다.

# 강제집행도 못하는 경매브로커

2001년, 서대문구 홍은동 지하 다세대주택이 감정가 5,000만 원에서 51퍼센트까지 떨어져 2,560만 원에 나온 것을, 최저가 금액 그대로 단독으로 입찰해 낙찰을 받았다.

초보자들은 자신이 들어가는 물건에 많은 사람들이 입찰을 해야 낙찰을 받아도 뿌듯하다고 생각하겠지만, 고수들은 자신이 입찰하는 물건에 누가 들어오든 말든 상관하지 않고 소신껏 지원해서 낙찰 받으면 그것으로 만족한다.

지하라고 하지만 경사진 지역의 주택에는 1층 같은 반지하가 많은데, 내가 낙찰받은 물건도 계단을 내려가지 않고 1층에서 곧바로 대문이 나오는 구조였다. 이런 물건을 낙찰받으면 내 집 마련의 꿈을 가지고 있는 분들에게 어렵지 않게 되팔 수 있다.

이 집을 낙찰받고 명도하는 과정에서 수차례 전 주인을 찾아갔지만, 도통 만날 수가 없었다. 나중에 알고 보니 전 주인은 ○○교회 집사였는데, 자기 집이 경매에 들어가자 ××리 기도원에 올라가서 금식기도를 하는 바람에 그동안 만날 수가 없었던 것이다.

집안 사정을 모르는 중학교 1학년 아들과 초등학교 3학년 딸은 내가 몇 차례 방문하면서 가져다주는 음료수나 과자를 받아서인지, 속도 모르고 나를 삼촌처럼 따르고 반갑게 맞아준다. 집안에 엄마가 안 계신데도 밝게 자라고 있는 아이들이 대견스러웠다.

얼마의 시간이 지나서 전 주인과 전화 통화가 이뤄졌고 내가 이사 가줄 것을 요구하니, 명지대 정문 앞에 있는 카페에서 만나자고 한다. 전 주인을 만나러 카페로 나갔더니 대뜸 내 손을 잡고 기도를 시작한다.

"주여! 이 불쌍한 사람을 불쌍히 여겨주시고, 이 사람이 그동안 경매를 통해 많은 사람에게 아픔을 줬을 텐데 용서해주시고…."

아닌 밤중에 홍두깨도 아니고 대낮에, 그것도 대학생들이 많이 앉아 있는 카페에서 큰 소리로 통성기도를 하자 사람들이 나를 불쌍하게 쳐다본다.

이렇게 기도를 한 전 주인은 어제 기도원에서 기도하던 중에 응답을 받았다고 낙찰받은 그 집을 다시 자기에게 돌려 달란다. 그것도 낙찰받은 금액 그대로.

억지도 그런 억지가 없어서 나는 곧바로 자리를 박차고 나와서 인도명령을 신청했다. 인도명령이 송달되고도 한정 없이 시간이 흐르자 나도 큰맘 먹고 강제집행 신청을 하기에 이르렀다. 그동안 단 한 번도 강제집행을 해보지 않았지만 전 주인이 터무니없는 억지를 부리는 데다, 주위에 있는 동료들도 더 이상 시간을 끌 필요가 없다고 해서 어쩔 수 없이 강제집행을 신청했다.


"안녕하세요, 아저씨!"

강제집행 날짜를 받아놓고 그 집에 갔더니 아무것도 모르는 아이들은 나를 더욱 반겨 맞는다. 하루가 지나고 이틀이 지나고 강제집행 날짜는 다가오는데, 전 주인은 이번에도 기도원에 가서 이 불쌍한(?) 사람을 위해 기도를 하는지 도통 만나볼 수도 없고 전화도 받지를 않는다.

강제집행을 하루 앞두고 나는 결국, 나를 삼촌처럼 따르는 아이들에게 상처를 주면 안 될 것 같아 집행관에게 욕을 먹어가면서 강제집행을 취소했다. 집행 일자에 맞춰 집행 차량에 집행 노무자까지 다 구해 놨더니 이제 와서 취소라니, 그것도 집행 하루 전날에 취소라니. 담당했던 집행관 입장에서는 당연히 화가 날 수밖에 없었을 것이다. 얼마나 화가 났으면 내가 다니는 명지경매 회사에 전화를 걸어 "도대체 배중렬이란 놈은 뭐하는 놈이야!"고 따져 물었겠는가.

우여곡절 끝에 강제집행을 취소하고 나서 두 달 뒤, 나는 낙찰금
액에서 500만 원을 더 받고 전 주인에게 소유권을 이전시켜 주었다.

그 사건 때문에 "병신, 그거 하나 해결 못해?"라는 핀잔을 무수히
들었지만, 지금까지도 내 생각은 단연코 '잘했다'이다. '그래 중렬아,
잘한 일이야, 진짜 잘했다'라는 말을 되새기며 오늘도 경매법정을
기웃거린다.

# 자신을 지키지 못한 사람들

2006년 대전시 대덕구 법동 삼호아파트 36평형이 감정가 1억 4,000만 원에서 2회 유찰돼 6,860만 원까지 떨어진 물건으로 나왔다. 처음에는 대전이라는 지역성 때문에 낙찰 후 임대관리가 걱정돼 입찰을 쉽게 결정하지 못했다. 다른 틈새시장을 찾다가 전세금 가격에 낙찰받아 대전 경기가 좋아지면 매매하기로 하고 곧바로 현황조사에 들어갔다.

두 번 유찰되는 동안 감정가의 절반에도 못 미치는 수준으로 떨어진 이유는 선순위로 보이는 전입자가 있어서 초보자들이 달려들지 못해서였다. 동사무소에 가서 조사를 해보니 선순위자로 등재된 사람은 소유자의 아들로 밝혀졌고, 감정가는 1억 4,000만 원이지만 시세는 1억 2,000만 원을 웃돌기 때문에 나는 입찰가를 최저가에서 1,000만 원 정도만 올리기로 했다.

서울이나 수도권 지역은 2회 이상 유찰된 물건들의 낙찰가가 직전의 유찰가보다 높지만 지방 물건은 그렇게 높지가 않다. 결국 7,890만 원으로 입찰자 9명 중에 최고가 매수인이 됐다. 농협 대출담당자와 낙찰가의 70퍼센트를 융자받기로 구두약속을 하고 곧바로 대전으로 내려갔다.

"누구세요?"

"예, 이 집을 낙찰받은 사람입니다."

문이 열리자 병색이 짙은 아주머니가 보인다. 안으로 들어오라고 하던 아주머니는 내가 앉자마자 재차 물어본다.

"경매 때문에 오셨다구요?"

"아니요, 제가 낙찰받아서 이제 잔금을 내야 하는데 그 전에 전 주인을 만나서 언제 이사 가실 것인지 여쭤보러 왔습니다."

말을 마치자마자 아주머니가 갑자기 거실 바닥에 힘없이 쓰러진다.

"안 돼…. 이 집이 어떤 집인데…. 아니 이 미친놈이 걱정 말라고 해놓고…."

누군가를 원망하듯이 중얼거리다가 갑자기 가쁜 숨을 몰아쉰다. 숨이 넘어갈 듯 헉헉거리는 아주머니를 나는 일단 진정부터 시켜야겠다고 생각했다.

"아주머니 걱정 마세요. 아무 일 없을 겁니다. 절대 걱정하지 마세요. 아직 경매가 끝난 것이 아니니 이 집을 지킬 수 있을 겁니다.”

그러나 이 아주머니는 몰아쉬던 숨소리마저 작아지면서 손가락으로 힘없이 거실 구석을 가리키며 약을 달라고 한다. 무언가 약봉지 같은 게 있어서 들고 오니까 다시, “119, 119”라고 다급하게 외친다.

평소처럼 낙찰받은 집을 방문해 낙찰받은 사실을 알리고 잔금을 내면 언제 이사를 가실 것인지, 얼마 정도 이사비용을 요구하는지 물어보려고 왔는데, 119라니! 핸드폰을 다급하게 눌러 119를 부르자 곧바로 119가 도착했다. 산소마스크를 쓴 상태로 가쁜 숨을 몰아쉬는 아주머니가 계속 말씀하신다.

“안 돼요, 아저씨…. 이 집은 아들 장가 밑천하려고 마련한 건데…. 아저씨, 절대로 안 돼요….”


병원 응급실에 도착했다. 그 병원은 아주머니가 평소 치료받으러 다니는 병원인지, 간호사가 아주머니를 보더니 대뜸 ‘공황장애환자’라고 하면서 응급실 한쪽에 눕혀놓는다. 그러고는 내게 묻는다.

“보호자 되세요?”

이 말에 어떤 말을 해야 할지 잠시 궁리하다가,

“아니요…. 지나가는데 아프다고 하셔서 제가 119로 연락을 했는데요.”

나는 천연덕스럽게 거짓말을 했다. 시간은 점점 흐르고 내일은 오전부터 서울 노량진 법학원에서 강의를 해야 하는데, 밤 10시가 넘은 이 시간까지 낙찰받은 집 소유자의 병환으로 서울로 올라가지도 못하고 있다. 아주머니에게 다가갔다.

"아주머니 걱정 마세요. 제가 도와드릴게요. 아직 시간이 있어요. 잘될 것이니 염려 마시고 마음 놓고 한숨 주무세요."

이 말을 하는 동안 가쁜 숨을 몰아쉬던 아주머니는 내 손을 꼭 잡고 눈물을 흘린다. 갑자기 나온 관계로 응급실 비용도 없을 것 같아 10만 원을 아주머니 손에 쥐여 드렸다. 퇴원하시면 연락 달라고 하고 다음 날 강의 때문에 곧바로 서울로 올라왔다. 올라오는 도중에 그 아주머니로부터 문자가 왔다.

"제가 천사를 만났군요."

'천사? 경매브로커 사무실에서 10년 가까이 굴러먹은 내가 천사?'

뭔가 양심에 찔렸지만 나는 아주머니에게 전화를 했다. 밝고 건강한 목소리로 아주머니는 계속 고맙다고만 하신다.


다음 날, 강의를 마치자마자 핸드폰이 울려서 받아보니 어제 만난 아주머니 남편이란다.

"이 은혜를 어떻게 갚아야 되나요?"

부인에게서 내가 낙찰받은 아파트를 원래대로 돌려놓을 수 있게 도와준다는 말을 들었단다. 잔금 내고 명도 마친 후에 도배만 해서 세를 놓아도 2,000만 원은 거뜬히 남는 물건을, 그것도 몇 번씩이나 대전을 오가며 현장답사와 시세 파악하느라 쓴 비용과 선순위 전입자 권리를 밝혀내려고 노심초사했던 시간을 순순히 포기할 것처럼 알고 있으니 이를 어찌해야 할까?

내가 전화로 얘기하면서도 이리저리 머리를 굴리고 있을 때, 갑자기 전화기 저편에서 남편이 우는 목소리로 사정을 한다.

"이 모든 게 제가 부족하고 못나서 벌어진 일입니다. 이 집을 잃게 되면 제 아들은 결혼을 포기해야 합니다. 공황장애를 앓고 있는 아내도 증세가 더 심해져서…. 죽을 날만 기다리고 있습니다."

남편의 흐느끼는 목소리를 듣다 보니 사정이 딱하다는 생각이 든다. 그렇다고 지금에 와서 낙찰받은 물건을 포기하기도 곤란하고, 이래저래 고민이 앞선다. 내가 사정을 들어준다 해도 이 사람들이 정말로 채무를 변제할 수 있을까? 확신이 안 서지만 일단은 믿어보기로 했다. 그래서 잔금기일 1주일 전까지 아파트에 딸린 빚을 다 갚으면 나는 '경매취하동의서'를 써주기로 하고 전화를 끊었다. 또 문자가 왔다.

"감사합니다. 이 은혜 절대 잊지 않겠습니다."


잔금기일을 1주일 앞두고 대법원 경매 사이트의 해당 사건 접수 현황을 살펴보았다. 채권자의 '경매취하서'가 아직 접수되지 않은 상태였다. 집 주인 내외가 아직까지 빚을 다 갚지 못했다는 뜻이다. 할 수 없이 남편에게 전화를 걸었다.

"빚을 갚으려 해도 돈을 구할 수가 없어서요…. 조금만 더 시간을 주시면 안 될까요?"

사실 경매로 집을 잃는 사람이 스스로 그 집의 채무를 변제할 수 있는 경우는 10퍼센트도 안 된다. 부동산 가격이 오르는 지역이나 어떤 호재가 숨어 있지 않는 한, 경매가 진행 중인 물건을 채무자 스스로 취하하는 경우는 드물기 때문이다. 나는 '찔찔이' 작전을 쓸 것이라 예상했기에 단호하게 안 된다고 말했다.

그러자 남편은 한 번만 봐달라고 통사정을 한다. 10여 분간 또 그 집 사정을 듣고 있노라니, 문득 내 자신이 한심하다는 생각이 든다. 남들은 이런 경우 아예 무시하고 만다는데, 이런 이야기를 들으면 괜히 마음이 아파서 상대방 입장을 먼저 생각하는 게 병이다.

고심 끝에 남편에게 말했다.

"그럼, 제가 넣은 보증금만 돌려주세요. 그러면 제가 잔금을 안 내겠습니다."

그러자 다음 날 보증금 중 200만 원이 통장으로 입금되고 며칠 후 나머지 보증금이 입금되었다. 어김없이 문자가 왔다.

"천사님 감사합니다."


이 일이 있고 나서 석 달 정도 지난 뒤, 낙찰받았던 대전 아파트가 생각이 나서 정보를 검색해보았다. 20퍼센트 재경매 사건으로 나온 그 집을 누군가 낙찰받아 잔금을 내고 배당까지 마친 상태였다. 결국 경매로 집이 넘어간 것이다. 집은 그렇다 치고 공황장애를 안고 살아가는 아주머니는 어떠신지, 그 아들은 장가를 갔는지, 왜 미리 대처를 하지 않았는지, 남편은 낙찰받은 사람에게 나한테 한 것처럼 사정했다가 마음의 상처만 더 받지 않았는지, 그리고 지금 그분들은 어디서 살고 있는지, 생각할수록 내 마음이 '찡'하다.

# 마음씨가 고우면
# 죽은 귀신도 도와준다

오늘도 밤 11시가 넘었지만 불은 켜지지 않는다. 그동안 밤을 새워서라도 만나보려고 했지만 헛수고하고 발길을 돌린 게 벌써 몇 번째인지…. 누가 경매는 시간싸움이라 했던가. 전 소유자에 대해 동네 사람들에게 물어봐도 잘 모르겠다고만 한다. 아무리 생각해도 분명히 공실인 것 같은데 함부로 문을 열어볼 수가 없다. 인도명령을 안 받았으니 강제집행을 신청할 수도 없는 노릇이고, 이렇게 시간이 지나가기만 기다릴 수도 없었다. 결국 용기를 내어 열쇠집에 전화를 걸었다.

"열쇠집이죠? 열쇠를 잃어버린 것 같은데 문 좀 따주세요."

"아, 네~ 그런데 집주인 맞지요?"

순간, 양심에 찔렸지만 '네'라고 대답했다

전화를 한 지 5분도 안 지나서 열쇠 아저씨가 오셨다. 재차 집주인이 맞느냐고 확인을 하고서는 바로 문을 딴다. 그러자 집 안 가득히 쌓여 있는 가구들이 눈에 먼저 들어온다. 나는 열쇠 아저씨에게 1만 원을 주고 태연하게 그 집으로 들어섰다.

'흡!'

뭔가 이상한 냄새가 나는 것 같았다. 뭐라 표현할 수 없지만 고약하게 썩는 냄새가 코를 막게 했다. 거실을 지나 안방 문을 열어 보니 침대에 사람이 누워 있었다. 순간 머리끝이 솟아오르고 살이 떨려 왔다. 사람이 죽어 있다는 걸 직감적으로 느낄 수 있었다.

죽은 지 꽤 되었는지 보기 흉한 상태로 여자가 누워 있다. 곧바로 112로 신고를 했다. 그 일로 나도 며칠 경찰서에 오가면서 조사를 받았다. 다행히 죽은 여자의 이모와 연락이 닿아 죽은 여자가 낙찰받은 집의 전 소유자라는 사실과, 사귀던 연하의 남자가 군화를 거꾸로 신어 자살했다는 이야기를 들을 수 있었다.

이야기를 마친 이모는 죽은 여자의 시체가 이 집을 나가려면 굿을 해줘야 하는데 나한테 굿 값을 달라고 한다. 그동안 경매를 통해 낙찰받은 집을 명도하면서 이사비용은 줘봤지만 죽은 사람 굿 값을 이사비용 조로 준다는 것은 상상도 못해봤다. 그동안 나를 가르쳤던 스승님들도 내 이야기를 듣고서는 무슨 재미있는 일이 벌어진 양 농담만 한다.

"배 이사, 이제 돈 벌었네."

"죽은 사람 집 낙찰받으면 재수 엄청 좋다던데!"

그러면서 계속 웃는다. 사람 놀리는 것도 아니고. 하기야 자기들한테 닥친 일이 아니니까 그럴 수도 있겠다 싶다. 그나저나 굿 값을 줘야 하나 말아야 하나…. 이 생각 저 생각에 머리만 아파온다.


그러나 어쩌겠는가, 내게 닥친 일인데. 다음 날 이모에게 전화해서 굿 값을 물어보니 500만 원이라고 한다.

'산 사람 내보내는 돈보다 죽은 사람 내보내는 돈이 더 드는구나!'

며칠 후 어디서 용하다는 무당을 불러왔는지, 아니면 내가 낙찰받은 집에 죽은 사람이 있다고 동네방네 소문을 내려는 심산인지, 아주 거창하고 떠들썩하게 굿이 치러졌다. 마지막으로 숙은 시신이 나가기 전 무당이 내게 다가와서 자신에게 접신을 한 처녀의 목소리로 이렇게 말을 한다.

"아저씨 고마워요. 내가 이 신세는 꼭 갚을게요."

육십 먹은 무당이 젊은 여자의 목소리로 말을 하면서 종이가 수없이 달린 대나무로 내 몸 여기저기를 훑는다. 그렇게 굿은 끝났지만 나는 고민에 빠졌다. 소문이 나서 전세나 월세도 안 나가고 더욱이 매매도 안 되는 집이었기 때문이다. 고민 끝에 내가 들어가 살기로 결정했다. 이사하는 날, 낙찰받은 집 주변에 사는 사람들이 모여서 이사하는 나를 보며 수군거린다.

한 달이 지나고 두 달이 지났다. 동네 사람들은 출근하려고 집에서 나오는 나를 지켜보는 게 유일한 낙인지, 아니면 무슨 내기라도 했는지 알 수 없는 표정으로 쳐다보는데, 사람 미칠 지경이었다. 나 역시 밤마다 기도를 하고 자는데도 무언가 찝찝한 것은 여전하다. 꼭 내 침대에 누군가 같이 자고 있다는 느낌이 들었다. 그러던 어느 날 꿈에 너무나 예쁜 여자가 내 앞에 나타나서는 이렇게 이야기를 한다.

"아저씨 고마워요. 내가 이 신세는 꼭 갚을게요."

헉! 굿할 때 무당 입으로 했던 말이다. 나는 무서워서 그 집을 뛰쳐나왔고 그 뒤로 잠은 찜질방에서 잤다. 그렇게 두 달쯤 지났을까? 내 전화번호를 어떻게 알았는지 동네 통장님한테서 전화가 왔다. 우리 집 인근지역에 재개발을 추진하려고 하는데 동의서를 찍어달라는 것이다.

지금 그 집은 이 땅에 존재하지 않는다. 재개발이 되는 바람에 철거됐고 집이 있던 곳은 현재 아파트가 들어서 있다. 4,800만 원에 낙찰받은 집을 1억 5,000만 원에 팔고 나왔으니, 죽은 여자를 위해 굿을 해주었던 내게 과연 그 귀신이 신세를 갚아준 것일까?

# 수험생을 둔 아버지의 마음

원당에 있는 아파트를 낙찰받아 잔금을 내고 그 집을 찾아갔는데, 아무리 초인종을 눌러도 대답이 없다. 나는 할 수 없이 현관문에 내 전화번호를 적어놓고 돌아왔다. 며칠 후 전화가 걸려왔다. 상대방이 조용한 목소리로 최대한 예의를 갖춰서 이야기를 하기에 나 또한 그분에게 최대한 예의를 갖추어 응대했다. 내가 만나서 더 자세한 이야기를 나누자고 하니 그분은 내가 다니는 회사 근처로 오겠다고 하신다.

전화를 끊고 나니 뭔가 이상하다는 생각이 든다. 보통 경매를 당한 사람들은 자신이 살고 있는 집에서 낙찰자를 처음 만나게 되고, 찾아온 낙찰자를 보자마자 억울하고 분한 자신의 처지를 눈물을 쥐어짜가며 하소연하다가, 나중에는 이사비용을 가지고 낙찰자와 실랑이를 벌인다. 그리고 적정한 금액에서 이사비용이 합의되면 약속한 이사날짜에 이사를 한다. 원만하게 이사를 마치면 낙찰자는 합의한 이사비용 중에서 관리비나 공과금을 제한 나머지를 주고서 키를 받는다.

이렇게 하는 것이 상식 아닌 상식이거늘…. 똥개도 자기 집에선 뭔가 믿는 구석이 있어서 당당하다는데, 이 분은 자기 집이 아니라 내가 근무하는 경매 사무실 쪽으로 온다는 것이 아닌가.

며칠이 지나 사무실 근처 카페에서 그분을 만났다. 만난 지 10분이 지나도록 아무 말도 하지 않고 그저 고개만 숙이고 있다. 내가 먼저 조용히 말을 걸었더니 울먹이는 목소리로 조용히, 아주 조용히 이렇게 이야기를 한다.

"선생님, 3개월만 참아주시면 안 되나요? 하나밖에 없는 아들이 고3인데, 3개월만 있으면 수능시험이 있습니다. 그때까지만 봐주세요."

그동안 시험을 앞둔 고3 아들이 알게 될까봐 노심초사했고, 그래서 경매가 진행 중인 걸 알리는 우편물을 우체부 아저씨에게 부탁해 따로 받아왔다고 한다. 이제 마지막으로 낙찰받은 내가 조금만 봐주면 된다고 부탁을 하면서 40대 가장이 울고 있다. 마음에 상처를 받을 아들 걱정으로 얼마나 마음고생이 심했을까, 얼마나 힘들었을까….

나는 그가 한참 울게 내버려두었다. 아니, 나도 따라 울었다. 그렇게 울다가 그분을 쳐다보니 그 사람은 명도 때문에 만난 이해관계인이 아니라, 그동안 내가 섬겨온 친형님이요, 시험을 준비 중인 고3학생은 내가 사랑하는 친조카였다. 어찌 형님과 조카를 매몰차게 대할 수 있겠는가. 어찌 형님의 아픔을 모른 척하겠는가.

나는 그분이 부탁한 모든 것을 따르기로 했다. 3개월 동안 그 집 근처에도 가지 않았고 전화도 하지 않았다. 시간은 흘러 대입 수능 시험은 치러졌고 보름 뒤 그분에게서 전화가 왔다.

"그동안 정말 고마웠습니다. 이사는 어제 잘 했고요, 키는 관리사무실에 맡겨놓았습니다. 고맙습니다, 선생님"

전화를 끊자마자 바로 그 집을 찾아갔다. 세상에, 집 안을 말끔하게 청소했고 그동안 밀린 관리비도 깨끗하게 정산을 해놓은 것이 아닌가. 이사비용도 안 드렸는데…. 명도가 이렇게 아름다울 수도 있구나 하는 생각이 들었다. 덕분에 그동안 어렵게만 느껴왔던 명도의 두려움이 조금은 사라졌다.

# 뛰는 놈 위에 나는 놈

'띵동, 띵동~' 아무리 벨을 눌러도 아파트 안에는 아무도 없는지 대답이 없다. 아파트를 낙찰받아 잔금을 낸 지가 벌써 한 달이 지났고, 인도명령을 보내도 송달이 안 돼 야간송달까지도 보냈다. 야간송달을 간 집행관 역시 아무도 못 만나고 왔다며 '공시송달'을 신청하라고 한다.

공시송달을 신청해 강제집행을 해야 하는 결과를 생각하니 한숨이 나온다. 그래도 이렇게 손을 놓고만 있을 수는 없는 일이라 공시송달을 신청하고 곧바로 강제집행을 신청해 날짜까지 받아놓았다.

누가 경매는 쉽다고 했는가? 이렇게 어렵고 힘이 드는데…. 하기야 이 세상에서 힘들지 않은 일이 있을까? 그런데 그렇게 찾아가도 만날 수 없었던 그 아파트에 사람이 들어와 있다는 연락이 왔다. 그동안 경매 때문에 오면가면 담뱃값이나 하시라고 꼬박꼬박 인사를 드렸던 아파트 경비 아저씨가 전화를 주신 것이다. 연락을 받자마자 나는 단숨에 달려갔다.

초인종을 누르니 연세가 지긋하신 할머니가 환하게 웃으며 문을 열어주신다. 나는 반가운 마음에 할머니의 손을 꼭 잡고 아드님이나 며느님은 어디 갔냐고 물으니, 할머니는 연락이 안 된다고 하시면서 여기까지 왔는데 일단 안으로 들어가자고 하신다.

집 안에 들어가니 이상하게 가구는 별로 없고 전기장판을 깔고 누워 계시는 할아버지가 잔기침을 하면서 일어나 앉으신다. 가스레인지도 없는지 휴대용 버너로 할머니가 정성껏 끓여주신 커피를 대접받았다. 고향 할머니의 정을 느끼면서 이런저런 이야기를 나누다 보니 이 집안 사정을 소상히 들을 수가 있었다.

아들은 미국에 가 있고 집주인인 며느리는 빚 때문에 돈 받을 사람들을 피해 다닌다고 하신다. 연락처를 주고 가면 나중에 며느리에게 연락을 취해보겠다는 반가운 이야기를 듣고 그 집을 나올 수 있었다.

'아, 이젠 강제집행을 안 해도 되겠구나…'

며칠 동안 잠 못 이루며 걱정하던 강제집행 문제가 해결된 것만으로도 그날은 너무 즐겁고 행복한 날이었다. 그러나 일주일이 지나도 연락이 없어서 다시 찾아갔더니, 그동안 연락이 되던 며느리가 또 연락이 안 된다고 난처해하신다. 미안해하시는 할머니를 보니 차마 강제집행을 신청해놓았다는 말을 할 수가 없었다.

하루가 지나고 이틀이 지나고 강제집행 날짜는 다가오는데, 연로 하신 할머니와 할아버지를 강제로 내보낼 수도 없고, 또다시 괴로운 날들이 지나갔다.

그러던 어느 날, 할머니로부터 반가운 전화가 걸려왔다. 며느리에 게서 연락이 왔다고 하면서 전화번호를 가르쳐주신다. 할머니가 가 르쳐주신 번호로 곧바로 전화를 했더니 아주 거만한 목소리가 들려 왔다. 뭔가 쉽지 않겠다는 생각이 스쳐갈 때, 그쪽에서 단도직입적 으로 이사비용을 500만 원이나 달라고 한다. 그러면서 하는 말이 가 관이다.

"알아보니까 강제집행 신청해놨던데, 만약에 집행하다가 노인네 들 다치면 당신이 다 책임져야 될 겁니다."

이럴 때는 뭐라고 해야 하는가. 당당한 건지 뻔뻔한 건지 알 수 없 는 그 태도에 나는 할 말을 잃었다.

사실, 집행관들도 집 안에 나이 많은 노인 분들이 계시면 강제집 행을 피한다. 왜냐하면 집행을 하다가 노인네들이 쓰러지면 사건이 커지기 때문인데, 이런 것을 아는 정도면 이 사람은 완전히 전문가 수준이다.

나는 할 수 없이 500만 원을 주기로 약속했고 며칠이 지나 이사를 나갈 때 가보았다. 할머니, 할아버지는 안 계시고 집주인라고 하는 뚱뚱하고 도도해 보이는 여자가 만나자마자 이사비용을 달라고 한다. 집 안을 살펴보니 벌써 깨끗하게 치워져 있었다. 키를 받아 문을 잠그고 이사비용을 주면서 그 돈 중 일부로 연체된 관리비를 계산하고 돌아서는데 경비 아저씨가 나를 부른다.

"어떻게 잘 해결됐어?"

"아 네, 그동안 도와주셔서 감사합니다."

"근데 그 할아버지 할머니, 그 사람들 좀 이상하지 않았어? 중간에 내가 끼어들어 얘기하기도 그렇고 해서 말았는데…. 아무래도 알바생들 같아."

나는 그 자리에서 주저앉고 말았다. 세상에, 그렇게 착하고 심성 좋아 보이던 할아버지와 할머니가 이사비용을 더 받아내려는 집주인이 고용한 알바생들이었다니…. 세상에는 뛰는 놈 위에 나는 놈이 있음을 절실히 체험한 사건이었다.

# 특수유치권이 기가 막혀

2005년, 부산법학원에서 공인중개사 수강생들을 대상으로 강의를 마치고 다음 강의를 위해 대구행 기차를 탔을 때였다. 꺼놓았던 핸드폰을 다시 켰는데 'FBI'라는 이름으로 20여 통의 전화가 계속 온 것을 확인하고 나는 바로 전화를 걸었다.

아니나 다를까, 전화기 저편에서 숨넘어가는 목소리로 "야생화님! 지금 어디세요? 얼른 청주로 오세요!"라고 말한다. 얼마나 좋으면 저럴까. 뭔가 대단한 물건을 발견한 모양이다.

그런데 문제가 있단다. 유치권을 주장하는 물건이란다. 나는 대구에서 강의를 하기 전 학원 컴퓨터로 물건을 검색했다.

2005타경 ****호. 감정가 25억 3,000만 원이 40퍼센트까지 떨어져서 10억에 나온 것이다.

'세상에, 25억 짜리에 들어간다니….'

대지가 256평에 건평은 680평이다. 더구나 건축한 지 2년밖에 안된 새 건물이고 ○○대학교 정문에 위치한 노른자위 땅이다.


FBI님은 내가 경매강의를 할 때 한 번도 빠짐없이 경청하신 분이다. 그동안 고시원을 운영하던 노하우를 살려 고시원을 경매로 낙찰받아 운영해보고 싶은 꿈을 펼치려고, 1년 반 이상을 임장활동에 몸바친 분이다.

일주일에 한 번씩 미팅을 할 때마다 수십 장씩 물건정보를 프린트해 와서 나를 힘들게 하던 분. 하루가 멀다 하고 전국에 있는 경매물건을 찾아 헤매이던 분. 내가 강의할 때 목소리 높여서 칠판을 두드리며 강조하는 것은 모두 필기해 그대로 따라주신 분!

나는 FBI님과 청주로 내려가서 임장활동을 했다. 1층부터 4층까지 '유치권 있음'을 주장하는 유인물이 부착돼 있었지만 이상하게도 문은 열려 있는 것이다. 과연 이 '유치권'은 무엇을 얻고자 하는 것일까? 건물은 아주 견고하고 잘 지었는데 왜 경매로 나왔으며, '유치권'을 주장하는 사람은 누구일까? 많은 것이 혼란스러웠고 조심스러웠다. 나는 FBI님에게 물어보았다.

"들어가실래요?"

“네.”

“그런데 이 물건은 유치권을 주장하는 것이라 저도 장담을 할 수는 없습니다.”

“야생화님이 도와주신다면 저는 꼭 낙찰받고 싶습니다. 야생화님 도와주세요.”

무슨 말을 하랴. 그 말에 나는 솔직히 자신은 없었지만 최선을 다하기로 마음을 먹고 채권자인 농협을 압박했다. 수많은 전화 통화와 방문, 그리고 협박 아닌 협박(채권자는 낙찰가가 높아야 채권을 많이 회수하는데, ‘유치권’을 주장하는 유인물 때문에 낙찰가가 떨어지고 있는데도 방관만 하고 있었으니)으로 담당자도 아마 많이 힘들었을 것이다. 한 달 동안 힘겹게 정보를 뽑아본 결과 ‘유치권은 가짜’라는 판단이 섰다.

그런데 입찰을 준비하는 과정에서 문제가 생겼다. 입찰일이 하필이면 노량진 법학원 마지막 강의일에 잡힌 것이다. 강의를 다른 분에게 부탁할 수도 없고, 할 수 없이 내가 몸담고 있는 명지경매 이학범 사장님께 나 대신 입찰 참가를 부탁드렸다.

그리고 입찰을 하기 2주일 전부터 계속 청주로 내려가서 현장조사를 했다. 과연 이 유치권을 누가 주장하는 것인지, 몇 명이나 입찰을 들어올 것인지를 알아야 하기에 나는 특단의 조치를 취했다. 입찰하기 일주일 전에 1층부터 4층까지 붙어 있던 유치권 주장 문건을 떼어 내고, 스프레이 접착제를 사서 바닥에 뿌렸다. 입찰 하루 전에 확인해본 결과 유치권을 주장하는 문건은 다시 붙어 있지 않았고,

바닥에 뿌려진 스프레이 접착제에 찍힌 발자국을 보고 서너 명 정도가 현장에 왔었다는 것을 파악했다.


입찰일. 떨리는 마음에 노량진 법학원의 마지막 강의를 어떻게 마쳤는지 모른다. 아니, 나는 마지막 강의에서 이 물건에 대해 강의를 했다. 그리고 그분들에게 도움을 청했다.

"마음으로라도 낙찰받을 수 있게 기도해주세요."

수업이 끝나고 이학범 사장님께 전화를 걸었다.

"사장님, 어떻게 됐습니까?"

"아직 개봉 전이야."

30여 분이 지났을까? 사장님과 함께 갔던 동료에게 전화가 왔다.

"형님, 낙찰받았어요!"

"얼마 차이로? 그리고 몇 명 들어왔냐?"

지금까지 이곳저곳에서 강의하면서 내가 제일 강조했던 말이, '초보자는 차순위와 가격 차이를 알려고 하고, 또한 몇 명이 들어왔는지를 확인하려고 한다.'였는데, 나도 그 순간만큼은 초보자로 돌아간 것이다.

잠시 후 FBI님도 전화를 주셨다.

"야생화님! 낙찰받았어요."

이미 알고 있었지만 나는 반갑게 축하해줬다. 그러나 마음 깊은 곳에서는 벌써부터 걱정이 앞선다. 솔직히 말해, 나는 내심 낙찰을 받지 못했으면 하는 생각도 잠시 했었다. 지방 물건인데다 유치권을 주장하는 물건이라서 앞으로 과연 몇 번을 오가야 할지, 그리고 유치권은 어떻게 해결해야 할지 알 수 없었기 때문이다. 그러나 이렇게 낙찰을 받았으니 이젠 해결해야 하는 일만 남았다.

약 2주일이 지나서 잔금날짜가 잡혔다. 과연 잔금을 치러도 무방한지, 유치권은 잘 해결될지, 밤잠을 설칠 정도로 걱정은 계속됐다. 잔금납부일 하루 전에 나는 다시 청주로 내려갔다.

현장에 가보니 떼어버린 유치권 주장 문건은 여전히 붙어 있지 않았다. 그래서 잔금 납부를 하는 날, 만 원짜리 일회용 카메라를 사서 1층부터 4층까지 모든 층을 찍기 시작했다. 그날 발행된 일간신문을 펼쳐들고서.

이유는? 나중에 법정 공방을 대비해서이다. 그럼, 일회용 카메라를 사용한 이유는? 디지털카메라는 날짜를 수정할 수 있기에 증거자료로 불충분해서이다. 마지막으로 일간신문을 사용한 이유는? 잔금납부 당일까지 유치권을 주장하는 어떠한 주장도 없었다는 증거를 보여주기 위함이었다.

## 유치권 해결 과정 1

경매를 진행하다 보면 제일 힘든 일이 '명도'라는 건 여러 번 얘기했다. 자신의 수준에 맞는 물건을 찾는 것도 중요하고, 이 물건의 가치를 정확하게 파악해 입찰금을 써내는 것과 낙찰을 받는 과정도 매우 중요하다. 그러나 뭐니뭐니해도 낙찰받아 잔금을 납부하고 전 소유자나 세입자를 내보내, 그 집의 열쇠를 교체하는 과정까지의 어려움은 낙찰을 받아 본 사람만 알 것이다.

이 상가는 권리분석 할 때부터 이미 명도의 어려움이 예상된 물건이었다. 그래서 이 물건에 대한 완전한 소유권을 갖기까지 치러야 할 험난한 과정에 대해서는, 나도 그렇고 FBI님도 그렇고 어느 정도 각오를 하고 있어야 했다. 이제부터 본격적인 난관이 기다리고 있는 것이다.

상가 건물 1층에는 '○○산'이라는 술집이 있었는데, 전 주인이 1억을 들여 시설공사를 하고 장사를 하는 술집이었다. 그래서 2~4층의 유치권보다 전 주인이 장사하고 있는 '○○산'이 더 큰 문제였다. 잔금을 내고 곧바로 '○○산'으로 찾아갔다. 운영하는 분을 만났는데 자신은 잘 모르고 서울에 사는 막내 동생을 찾아가서 이야기하란다. 이런, 청주에서 다시 서울로 가보라니….

며칠 후 서울에서 만난 막내 동생은 처음 볼 때 말 그대로 '조폭'인 줄 알았다. 검정 가죽점퍼에 짧은 머리, 그리고 어딘가 모를 이상한 낌새…. 그 동생은 나를 보자마자 비웃음을 짓는다.

"특수유치권을 아십니까?"

'특수유치권?'

전철역 근처에서 가끔 '도를 아십니까?'는 들어봤지만, 경매에 입문하고서 지금까지 '특수유치권'이란 말은 한 번도 들어보지 못했다.

"특수유치권이 뭔가요?"

나는 막내 동생에게 겸손한 자세로 물어보았다. 그러자 또다시 비웃으며 하는 말.

"아니 특수유치권도 모르면서 그 상가를 낙찰받았습니까?"

그러면서 그냥 휙 나가버린다.

나는 주위에 있는 전문가란 전문가는 다 찾아가서 '특수유치권'을 물어봤지만 아무도 모른다고 한다. 혀가 바싹바싹 타들어간다. 컨설팅을 하는 과정에서 제일 신경 쓰이는 부분이, 만약 문제가 생기면 그 손해비용은 고스란히 컨설팅을 받은 사람이 다 책임을 져야 한다는 것이다.

그동안 명지경매 사무실 40평을 손걸레로 무릎 꿇고 닦으며 선배님들의 눈에 들려고 무진 애를 썼고, 명도 과정에서 험한 욕과 싸대기도 맞아가며 한 계단씩 올라온 지금의 자리가 한순간에 무너질 수 있다고 생각하니 잠을 이룰 수가 없었다.

나는 다시 한 번 그 막내 동생에게 전화를 걸었다.



서울역 근처 카페. 오기로 했던 막내 동생은 오지 않았다. 버티기

작전인 것이다. 목마른 사람이 샘을 판다고 했던가, 나는 곧바로 '인도명령'을 신청했다. 며칠이 지나자 바람을 맞힌 막내 동생에게서 전화가 왔다.

"좀 만납시다."

간만에 투명한 목소리다.

'짜식, 나도 경매세계에서 굴러먹을 만큼 굴러먹은 놈인데, 아무리 내가 겸손하게 나간다고 날 물로 보면 안 되지.'

다음 날, 속 썩이는 막내 동생을 만나보니 거창하게 '특수유치권'에 대해 자신이 알고 있는 이야기를 쭉쭉 풀어놓는다.

첫째, 전 주인인 자신들이 1층에서 장사를 하고 있고,

둘째, 2~4층으로 들어가는 1층 입구를 자신들이 관리하고 있고,

셋째, 자기 식구들 집(부모님 거주)이 바로 옆이고,

넷째, 그 동네에 자신들의 친인척과 친구들이 많다는 점.

이 네 가지를 쭉 이야기하더니 '특수유치권'을 해결하려면 참 힘들 거라고 말하며 또 비웃음을 날린다. 목 뒤가 뻐근해지는 것을 느꼈다. 10년 동안 경매업계에서 산전수전 다 겪은 나인데…. 나는 얼굴을 붉히며 속사포를 퍼부었다.

"당신이야말로 유치권이 뭔지나 알고 떠드는 거요? 유치권이 성립하려면 그 물건을 점유하고 있다는 걸 증명해야 하는데, 당신은 경매가 진행되는 동안 대체 어디 있었소? 잔금 납부하는 날까지 당신이 거기 없었다는 걸 내가 이미 사진으로 다 찍어뒀는데, 어디 한

153

번 볼까요? 지금 보기 싫으면 법정에 불려가서 보든가…."

형사가 증거서류를 들이밀며 취조하는 것처럼 나는 그 사람에게 그동안 쌓였던 응어리를 쏟아냈다.


### 유치권 해결 과정 3

전 주인이 1층에서 영업을 계속하면서 마치 자신의 소중한 재산을 뺏긴 것처럼 나오는지, 낙찰자인 FBI님으로부터 자꾸 전화가 걸려온다. 나는 지금까지 살아오면서 FBI님처럼 심성이 고운 사람을 만나보지 못했다. 다행히 전 주인의 마음을 상하게 하지 않으려고 항상 웃으면서 섬김의 자세로 대해서인지는 몰라도, '○○산'을 운영하던 그 주인은 조금씩 눈인사도 하고 험한 얼굴도 조금씩 밝아져 갔다.

문제는 막내 동생이었다. 어디서 들었는지 아니면 어디서 배웠는지, 법원경매 진행 절차를 꿰뚫고 있는 것처럼 만날 때마다 이상한 소리를 해가며 속을 긁어놓는다. 그리고 나이가 나보다 몇 살은 아래일 텐데 만날 때마다 계속 반말이다.

한 달이 지나고 두 달이 지나자, 이사 갈 테니 '○○산'의 시설비로 1억을 달라고 주장한다. 막무가내라도 이런 막무가내가 없다. 사실 권리를 따지자면 '인도명령'을 신청했기 때문에(이미 송달되었음) '강제집행'만 하면 집행비용 500만 원에서 800만 원이면 충분히 해결 가능한 일이다. 그렇지만 그동안 강제집행을 단 한 번도 하지 않았고 앞으로도 내 경매인생에서 강제집행은 없을 거라고 다짐하며 살아왔기에, 나는 막내 동생을 최대한 설득하려고 노력했다.

서울에서 청주로, 다시 서울로…. 원룸 하나를 청주의 주거지로 정해놓고 오고간 지 수십 차례. 시간 싸움에 지쳐갈 만도 하지만 섬김을 다하려는 FBI님의 겸손한 자세로, 시설비로 주장하던 1억이 석 달 만에 5,000만 원으로 줄어들었고 다시 3,000만 원까지 줄었다.

'싸우면서 정든다'고 했던가. 'ㅇㅇ산'을 운영하는 전 주인은 생맥주를 기울이며 야생화가 그동안 걸어온 경매인생을 듣는 착한 수강생으로 변해 있었다. 전 주인인 형이 설득하고 나 역시 수십 차례 만나면서 인간적인 관계로 유도하자, 어느 날 막내 동생이 나에게 이렇게 이야기한다.

"형님이라고 불러도 될까요?"

우리는 그때부터 형, 동생 사이가 됐고 그동안 낙찰자의 편에서 이야기하던 것을 바꿔 중간자 입장에서 그를 설득했다. 마음에서 올라오는 진심을 알아준 걸까? 드디어 낙찰받은 지 5개월 만에 그에게서 우리가 원하는 답변을 드디어 들을 수 있었다.

그렇게 힘들게 끌어왔던 청주 상가의 명도 문제는, 전 주인의 아버님과 FBI님 가족이 만나 식사를 하면서 어느 정도의 이사비를 드리는 것으로 해결됐다. 그동안 속 썩이던 명도문제가 해결되자 FBI님은 '리빙텔' 공사를 시작했고, 두 달이 지나자 반듯한 건물에 멋진 원룸형 '리빙텔'이 제 모습을 갖추었다. 소방 문제, 방음 문제 때문에 힘들기도 했지만 청주에서 제일 큰 원룸형 리빙텔이 100석이 넘는 규모로 완성된 것이다.

이름을 '○○리빙텔'이라 짓고 신학기에 맞추어 오픈하자마자 100석이 넘는 원룸은 꽉 들어찼으며, 4년이 다 되어 가는 지금까지도 이곳에는 '빈방 없음'의 푯말을 계속 걸어놓고 있다.


청주 상가 성공사례를 통해 우리가 배워야 할 점을 간략히 정리해 보면 다음과 같다.

1) FBI님이 발로 뛰며 전국에 있는 대학가를 중심으로 임장한 결과물이라는 점.
2) 입지에 대한 분석을 입찰 전부터 했다는 점.
3) 믿을 수 있는 실력자를 자신의 사람으로 만들었다는 점.
4) 모든 진행과정을 변함없이 믿고 따라준 점.
5) 마지막으로 남을 섬기는 자세로 한평생을 살아왔다는 점.

# 할아버지 파이팅!

인천지방법원 2007타경 ****호

대지 94평, 건평 280평, 목욕탕

감정가 6억 6,000만 원


위 물건을 잘 아는 분이 낙찰을 받게 해달라고 의뢰가 들어왔다. 이분은 '900만 원의 빚'에서 지하 세입자가 층 호수를 잘못 기재해 보증금 900만 원을 한 푼도 못 받게 됐을 때, 내가 무료로 컨설팅을 해주겠다고 약속하자 선뜻 보증금 900만 원을 내주신 분이다.

그래서 이분이 부탁하면 나는 거절을 못한다. 그분의 부탁을 받고 현장으로 갔더니 목욕탕은 영업을 하지 않은 지 오래돼 보였고 문은 굳게 잠겨 있었다. 몇 번에 걸쳐 현장을 가보고 한 가지 새로운 사실을 알게 됐다. 그 지역을 재건축하려고 이웃 주민들에게 동의서를 받는다는 것이다. 시행사를 방문해 자세히 알아보니 곧 시행을 할 분위기였다.

그래서 의뢰인에게 재건축 추진사항을 얘기하고 최저가인 4억 6,000만 원에서 5,000만 원 정도 더 써서 5억 1,800만 원으로 입찰에 들어가야 할 것 같다고 했더니, 의뢰인은 무조건 알아서 하란다. 경매를 의뢰해서 낙찰받은 물건 모두가 높은 수익을 안겨줘서인지 이분은 그냥 내게 무조건 맡긴다. 사실 무조건 알아서 하라는 말이 더 무섭다.

그렇게 5억 1,800만 원에 입찰해 낙찰을 받았는데 차순위와 약 3,000만 원 정도 차이가 났다. 미안하고 죄송해서 고개를 못 드는 내게 그분은 내 어깨에 손을 얹으며 이렇게 말씀하신다.

"허허허, 배 이사님! 3,000만 원짜리 떡 사먹었으니 3억은 벌겠죠."

나는 너무 미안해서 무료로 해드리려 생각했는데 입찰 받은 날 내 통장에 사례비를 넣어 놓은 것이 아닌가. 사실 낙찰만 받아주고 명도에서는 빠지려고 했었다. 그런데 돈을 받았으니 안 할 수도 없고 하자니 명도 과정이 만만치 않을 것 같고 진퇴양난에 빠졌지만, 그동안의 고마움과 정을 생각해서 나는 낙찰받은 물건의 명도 과정에 참여했다.

잔금을 낸 후 낙찰받은 목욕탕에 찾아갔다. 목욕탕 주인이신 할아버지가 가스가 끊겨 얼음장 같은 방에 이불을 깔아주면서 앉으라고 하신다. 대뜸 내 손을 잡으시더니 이곳저곳을 작은 막대기로 눌러보고, 간과 콩팥이 나쁘다고 하시면서 수지침을 놓는 것이 아닌가?

명도 때문에 찾아간 사람에게, 아니 자신의 집을 낙찰받은 사람에게 이 할아버지는 수지침을 놓아주는 것이다. 그러면서 자신이 이렇게 경매를 당한 사연과 자식들하고 인연을 끊고 살게 된 사연을 이야기해주신다. 그러다보니 형편이 어려워 내가 해줄 것은 이것밖에 없다고 하면서 귀침도 놓아주시고 뜸도 떠주셨다.

그렇게 수지침을 맞고 난 후 내가 찾아온 이유에 대해 설명을 드리고 이사 계획을 여쭤봤다.

"어휴, 어디 갈 데가 있어야지."

참 난감한 말씀이다. 몇 번에 걸쳐서 차근차근 말씀을 드렸지만 "죽고 싶다.", "대책이 없다."는 말씀만 하시면서 내게 오히려 방법을 좀 일러달란다.

그렇게 답이 안 나오는 이야기만 주고받다가 그날은 아무 소득도 없이 돌아와야 했다. 딱한 처지가 안돼 보여 의뢰인이 제시한 300만 원의 이사비용을 어렵게 500만 원까지 올려놓고 다시 목욕탕을 찾아갔더니, 그날은 수지침은 안 놓아주시고 포도농사 짓는 법만 이야기하신다. 작년에 따놓았다는 운전면허증을 보여주시면서 날씨가 풀리면 고향인 영동으로 내려가서 포도농사를 짓고 싶다고 아이처럼 수줍게 웃으며 삶의 의욕을 보이신다.

나는 너무 기뻐서 이사비용을 500만 원 정도 드리겠다고 말씀드렸다. 할아버지는 그 돈으로는 전세방 보증금밖에 안 되니 이사하면서 쓸 비용과, 똥차라도 한 대 살 수 있는 돈을 받도록 도와달라고 하신다. 이사비용을 300만 원에서 500만 원으로 어렵게 올렸는데, 또 어떻게 1,000만 원 정도까지 올린단 말인가?

할아버지는 의뢰인에게 잘 말씀드려보라며 포도농사를 지어 첫 수확물이 나오면 내게 보내준다고 하면서 자꾸만 내 주소를 알려달라고 하시는데, 웃어야 할지 울어야 할지 도통 감이 잡히지 않는다. 또 그렇게 말 한마디 못해보고 돌아와서는 의뢰인에게 할아버지의 말씀을 전했더니 노발대발이다.

할 수 없이 집행관 사무실에 가서 강제집행 신청을 했더니, 담당 집행관이 현장에 나와 280평 전체를 강제집행 하는 비용으로 700만 원을 제시한다. 700만 원으로 강제집행을 할 것인가? 1,000만 원으로 이사비용을 줄 것인가? 몇 번에 걸쳐서 이야기했지만 의뢰인은 예전과 다르게 움직이질 않는다.

내심 가슴 졸이며 기다리실 할아버지를 생각하면 답답하고, 그렇다고 내 돈으로 줄 수는 없고 해서 의뢰인과 다시 한 번 의논했다. 그분은 내가 명도를 잘 마치면 따로 수고비용을 챙겨줄 생각이었다고 한다. 그래서 내가 그 수고비용을 할아버지 이사비용으로 돌리면 안 되겠냐고 물으니, 의뢰인은 머쓱한 듯 그래도 되겠냐고 되묻는다. 드디어 할아버지가 그렇게도 원하셨던 이사비용 1,000만 원을 마련해드릴 수 있게 된 것이다.

목욕탕 할아버지께 1,000만 원을 입금해드리던 날, 나는 할아버지와 함께 도하동 중고차시장에 가서 포도농사 지을 때 요긴하게 쓰실 1톤짜리 중고트럭 한 대를 샀다. 걱정했던 일이 잘 풀려서 그런지 할아버지는 안색도 좋고 전에 없던 기운이 마구 넘치시는 것 같았다. 그래서일까, 내가 운전해도 되는 것을 굳이 할아버지께서 직접 운전해서 집까지 가시겠단다. 나보고는 옆 좌석에 앉아서 길이나 가르쳐 달라는데, 사람 환장할 노릇이었다. 며칠 전 내가 잘 아는 분에게 부탁해 딱 하루 도로연수 시켜드린 게 전부인데, 사실상 '장롱 면허증'이나 다름없는 실력으로 집까지 운전해서 가시겠다니! 옆 좌석에 앉아서 가는 내내 얼마나 마음 졸였는지, 아슬아슬한 순간이 얼마나 많았는지, 십년감수라는 말이 절로 떠오르는 것이었다. 기도하고 또 기도한 끝에 겨우 인천 목욕탕 앞에 도착할 수 있었다.

'하나님, 감사합니다!'

등줄기에 땀이 후줄근히 흘러내렸다.

다음 날, 할아버지는 중고트럭에 이삿짐을 싣고 이제 고향인 영동으로 내려간다며 전화를 주셨다.

"할아버지, 아직 며칠 여유가 있으니 운전연습 좀 더 하시고 내려가시죠."

"내가 운전 하나는 타고났나봐. 어제 몰아보니까 별거 아니더구먼. 걱정 말고, 내려가서 전화함세."

나는 할 말을 잃었다. 그 연세에 의욕이 넘치는 것도 정도가 있지, 어떻게 어제 하루 운전한 실력으로 고속도로를 탄단 말인가? 당장 달려가서 말리고 싶지만 이미 차는 출발하고도 남았을 시간이다. 나는 다시 기도했다. 이 세상의 모든 차가 할아버지 트럭을 비껴 가주기를.

오후 2시쯤 출발한다고 전화가 왔으니 5~6시면 고향인 영동에 도착할 시간인데, 통 전화가 없다. 휴대폰도 없는 분이니 어떻게 연락을 해볼 방법이 없다. 나는 텔레비전을 틀어놓고 혹시나 뉴스의 사건사고 소식에 올라와 있는 건 아닌가 싶어, 채널을 돌려가며 몇 번씩 보았다. 이렇게 마음 졸일 줄 알았으면 운전기사라도 한 분 사서 붙여드릴걸 하는 후회가 물밀듯이 밀려왔다.

저녁 7시가 되어도, 8시가 되어도 연락이 없다. 아무래도 뭔가 큰일이 났다는 확신이 설 즈음 휴대폰이 울렸다. 할아버지다!

"날세. 잘 도착했고 지금 짐 풀고 있어. 아따, 뭔 차들이 그렇게 빨리 달려? 아무튼 고맙구먼."

나는 진이 다 빠진 듯했다. 사지가 쭉 풀리는 느낌이었다.

'하나님, 감사합니다!'

그동안 할아버지와 있었던 일들이 파노라마처럼 지나가면서, 나는 마음속 깊이 한 번 더 할아버지를 응원했다. 저렇게 열정적인 할아버지가 고향에 가서도 늘 힘이 넘치시기를, 포도농사 지으며 마을 노인 분들께 수지침 봉사도 하면서 행복하게 사시기를. 막무가내 할 아버지! 파이팅!

# 인간관계로 풀어나가는 명도

"야생화님은 경매전문가시니까 명도가 어렵지 않겠죠?"

가끔 이런 질문을 받는데, 그때마다 뭐라고 대답해야 할지 솔직히 난감하다. 중이 제 머리 못 깎는다는 말도 있지 않은가. 아무리 잘난 척해도 아무리 그 분야의 선수라고 해도, 자신이 낙찰받은 집 채무자나 세입자를 만나러 갈 때가 가장 두렵고 힘든 것이 사실이다.

나는 명도를 이렇게 생각한다. 두렵고 힘들어도 결국 사람과 사람 사이의 일이라고. 내가 그 사람들을 어렵게 생각하는 만큼 그 사람들도 날 어렵게 생각할 것이다. 내가 그 사람들을 만나고 싶지 않듯이 그 사람들 또한 날 만나고 싶지 않을 것이다. 내가 그 사람들을 한 번은 꼭 만나야 하듯이 그 사람들 또한 한 번은 날 만나야 한다.

낙찰받는 입장에선 잘 모르겠지만, 세입자나 채무자 중엔 자기 집을 누가 낙찰받았는지 확인하러 일부러 경매법정까지 오는 분들도 있다. 물론 누가 낙찰받든 말든 무조건 '배 째라'면서 벋대는 사람들도 있지만, 서로 어렵고 힘든 일인 만큼 내 쪽에서 먼저 인간적으로 다가가면 그쪽 또한 인간적으로 다가올 것이다.

나는 명도를 할 때 꼭 음료수 한 박스를 사가지고 간다. 슈퍼에 가면 1만 원짜리도 있고 8,000원짜리도 있는데, 처음 명도할 때에는 멋모르고 비싼 12,000원짜리 사들고 갔었다. 그렇지만 요즘엔 9,000원짜리만 산다. 2,000~3,000원 싼 음료수를 사들고 간다고 해서 예의가 깎이는 것은 아니니까.

집 앞에 도착해서는 자신 있게 초인종을 누른다. 이제 떨리거나 힘든 느낌은 없다. 왜냐하면 '내가 편하게 생각하면 서쪽도 나를 편하게 생각할 것이다, 반드시 그럴 것이다.'라는 믿음이 생겼기 때문이다. 명도에 대해서 이런 마인드가 잡혀 있어야 명도가 물 흐르듯이 진행될 수 있다.

명도를 어렵게 생각하는 분이 계신다면 마음을 비우고 차분히 사람과 사람의 관계로 풀어나가시라고 주문하고 싶다. 경매 당하는 쪽은 얼마나 마음이 아프고 불안하겠는가. 낙찰받은 사람은 권리자이고 상대방은 쫓겨나는 불쌍한 사람들이다. 그런 사람들을 매몰차게 내몰지만 말고 천천히, 그리고 그 사람들의 마음을 이해하면서 따스한 말로 감싸줘야 한다. 그러면 명도는 의외로 쉽게 이루어질 것이다.

나는 낙찰받은 집에 처음 찾아가서는 항상 무릎을 꿇고 앉는다. 그러면 세 가지 유형으로 반응이 나타난다. 첫 번째, 쳐다보지도 않고 무조건 자기 이야기만 하는 사람. 이런 경우 곧바로 자세를 양반다리로 고쳐 앉는다. 이유는? 그 사람 이야기가 다 끝날 때까지 무릎을 꿇고 듣다 보면 나중엔 119에 실려 가는 불상사도 생길 수도 있으니까.

두 번째, 무조건 자기가 당면한 이야기를 하다가 내가 무릎을 꿇고 있는 것을 보고서는 편하게 앉으라고 하는 분. 이런 분들은 이사 비용만 잘 합의하면 큰 문제없이 한두 달 안에 명도가 이루어진다.

세 번째, 내가 무릎을 꿇고 있는 것을 보자마자 편하게 앉으라고 하고서는 차를 대접하는 분. 명도 이야기를 하러 가보면 의외로 이런 분들이 상당히 많다. 실제로 전 소유자나 세입자들이 칼 들고 대들 것이라고 많이들 생각하지만 그런 경우는 1퍼센트도 안 된다.

그러니 낙찰받은 집에 처음부터 겁먹고 들어갈 필요는 없다. 다만, 집에 들어가서는 먼저 이야기를 꺼내기보다 상대방의 이야기를 최대한 예의를 갖춰 듣고, 그 처지를 푸근히 감싸주는 마음으로 대답하는 게 좋다. 명도는 사람과 사람의 관계에서 쉽게 풀어질 수도 있고 어렵게 꼬일 수도 있다. 성급하게 언제 나갈지 어떻게 나갈지부터 확인하는 것은 바람직하지 못하다. 왜냐하면 당신의 지위는 낙찰자이지 새로운 집주인이 아니기 때문이다.

처음 방문했을 때 별다른 문제(새로운 이해관계나 하자)가 없었으면 잔금을 낸 뒤 곧바로 다시 찾아간다. 이때도 벨을 누르는 당신의 손에 작은 마음의 선물이 들려 있는 게 좋다. 그리고 이젠 잔금을 냈으니 당신의 지위는 낙찰자가 아니라 소유자이기 때문에, 상대방에게 공손하게 이사 계획은 어떤지 이사비용은 얼마를 원하시는지를 먼저 물어봐야 한다.

단, 질문은 짧고 명료해야 되며 상대방의 하소연을 길게 들으면 안 된다. 때로는 강하게 때로는 따뜻하게 상대의 페이스를 당신이 쥐고 있어야 한다. 그리고 그 집을 나오기 전에 간단한 명도에 관한 합의사항(이사날짜와 이사비용)을 적고 도장을 받아야 한다.

만약 강하게 나오거나 협의가 안 되면 다시 찾아올 것을 말씀드리고 나온 뒤 곧바로 인도명령을 신청한다. 책에서는 점유이전가처분을 하라고 하지만 내 경험상 인도명령만 보내도 명도 문제의 80퍼센트는 해결된다. 몇 번을 찾아가서 협상을 해야 되는 경우도 생기는데, 만약 너무 많은 이사비용을 원하거나 이사날짜를 길게 잡는 경우에는 다음과 같이 하면 된다. 송달받은 인도명령서를 가지고 담당 경매계에 가서 보여주고 상대방에게도 인도명령서가 전달되었다는 송달증명원을 발급받는다. 송달증명원을 집행관 사무실에 가서 접수하면 강제집행 접수증이 나온다. 그리고 다시 한 번 낙찰받은 집에 가서 강제집행 접수증을 보여주면서 협상을 시도하라. 이 정도에서 해결되는 경우가 98퍼센트 이상이다.

‘임차인이야 강제로 끌어내면 그만 아닌가. 주인은 난데, 만나주지도 않고 말로 해도 안 되는 억지를 부리면서 죽기 살기로 못 나간다고 버티면 그땐 어떻게 하느냐?’고 항변하는 분도 있을 것이다. 그래도 끝까지 대화로 해결해야 뒤탈이 없지, 법적인 힘을 가졌다고 약자인 임차인을 일방적으로 밀어붙이기만 해서는 언젠가는 반드시 문제가 발생한다.

대화로 하다가 끝내 합의가 안 돼 강제집행을 하기로 했다면 32평형 아파트를 기준으로 통상 300만 원 정도의 비용이 들어가고, 시간은 6개월 정도 걸리면 충분하다고 알고 계시는 분들이 많다. 그것은 채무자나 세입자가 순둥이일 때나 해당되는 말이지, 악바리이거나 뒤에서 코치하는 선수가 있다면 2년은 족히 걸린다. 이런 경우는 오히려 낙찰 안 받고 돈 안 버는 것이 정신건강을 위해 훨씬 좋다.

그러니 무조건 강제집행만으로 명도를 해결하려는 생각은 버리는 게 좋다. 강제집행은 협상의 칼자루를 쥐기 위한 방법이지 실행방법은 아니다. 항상 상대방 입장을 조금만 더 이해하고 다가서면 원만히 해결될 것이다. 명도는 강제집행이 아니다. 명도는 상대방이 편안하게 이사를 하도록 돕는 일이다.

# 사람을 섬기면 세상은
# 100배의 축복으로 돌려준다

현재 그 물건은 매매가 이뤄졌다.
결과적으로 엄청난 수익을 남겨준 5년 전의 그 일은 수고비로 50만 원을 받은 것 때문이 아니라,
어려운 사정을 듣고 그분을 진심으로 도우려 했던 기환이에게
하늘이 내려주신 100배의 축복이 아닐까?

# 나도 누군가의 멘토가 되고 싶다

경매를 배우려고 서울 마포구 아현동에 있는 '명지경매'에 입사해, 호가제부터 경매를 하셨다는 분들을 모시고 지내온 지 10년이라는 세월이 흘렀다. 수많은 사람들을 주저앉게 만들었던 IMF 시절에 지하 월세 방 보증금 1,500만 원이 전부였던 나는, 남들이 경매를 통해 낙찰을 받아 수익을 올리고 있을 때 사무실만 지키고 있었다. 그때의 심정은 말로 표현할 수 없을 정도로 참담했다.

점심을 사 먹으려 해도 월급 40만 원에서 20만 원 월세를 내면 항상 돈이 모자라서 이사님들이 돌아가면서 밥을 사주셨다. 눈치를 안 보려고 해도 자꾸 눈치가 보였고, 내 자신의 현실을 잊으려 해도 자꾸 비참한 생각이 들었다. 나는 용기를 내서 이학범 사장님께 부탁을 드렸다.

"사장님! 제가 경매물건을 낙찰받을 수 있게 도움을 주세요. 수익금 중 절반을 드리겠습니다."

그렇게 시작한 경매다. 사장님은 아무것도 없는 나를 믿고 내가 낙찰받은 물건의 잔금을 치를 때마다 차용증 한 장 쓰지 않고 돈을 빌려주셨다. 적게는 몇백만 원에서 많게는 몇억까지…. 나 역시 수십 번에 걸쳐 공동투자를 진행하는 동안 한 번도 사장님과의 약속을 어긴 적은 없었다.


신용과 신의.
배려와 섬김.


멘토라는 것이 누군가의 부족한 부분을 채워줄 수 있는 사람이라면 이학범 사장님은 분명 나의 멘토이시다. 그분의 배려로 나는 지금 이 자리에 서 있다. 20명이 넘는 명지 식구들을 보살피고 6,000명이 넘는 '야생화의 실전경매' 카페 회원들을 섬기는 이유는 단 하나다. 사장님이 나에게 멘토라면 나 또한 누군가의 멘토가 되어보려는 욕심에서다.

사장님처럼 돈을 빌려줄 수는 없어도 내가 경험한 수많은 실전경매 이야기를 들려주어 10년 전의 나처럼 자신의 처지를 비관하는 분들에게 작은 희망을 안겨드리고 싶다. 곰팡이 냄새에 절어 살던 내가 지하 전세방을 탈출한 것처럼 어렵고 힘들게 사시는 분들에게 경매를 통해 작은 소망을 이루도록 도와드리고 싶다. 발이 작아 멀리 갈 수 없다 해도, 물이 깊어 건널 수 없는 상황이라 해도 그 자리 그곳에서 의지할 수 있는 징검다리가 되고 싶다.

# 이기적인 나를 다스리는 힘

감정가 2억 원. 최저경매가 1억 2,800만 원.

대지평수 40평. 건평 지층 16평, 1층 16평, 2층 16평.

세입자현황: 지층 3,000만 원, 1층 4,500만 원, 2층 주인세대.


지층은 후순위인데 권리신고를 안 해서 배당금을 한 푼도 못 받는 상황이고, 1층은 선순위 임차인이며 확정일자도 빠르고 배당요구를 했으므로 전액 배당이 나오는 물건이었다.

1999년, 투자금액이 1,000만 원도 없을 때였다. 내가 8년 동안 살던 곳 옆집이라 나는 이 부동산에 대해서 관심이 많았다. 그러나 투자할 여력이 없어 이 물건을 사장님에게 말씀드렸더니 사장님은 나와 같이 공동투자를 해보자고 하신다.

명의는 내 이름으로 하고 전체 투자금액에서 내가 30퍼센트, 사장님이 70퍼센트를 내서 나중에 매매하게 되면 수익금을 5대 5로 나누자는 제안이었다. 작은 빌라 하나를 낙찰받은 뒤로 투자는 꿈도 꾸지 못할 때여서 나는 이런 제안을 마다할 수 없었다. 사장님과 공동투자를 하기로 하고 이 물건을 최저가에 들어가서 낙찰을 받았다.

권리신고를 제때 하지 못해 배당이 나오지 않아 내심 걱정이 많았던 지층 세입자는 전 주인이 보증금을 내줘서 다행히 재계약이 이뤄졌고, 1층은 전액 배당을 받아서 쉽게 명도가 이뤄졌다. 2층은 전에 살던 빌라를 전세 놓고 내가 대신 들어와 살게 됐다.

나는 1년이고 2년이고 느긋하게 기다리며 적당한 매수자를 찾으려 했는데, 사장님은 뭐가 그리 급하신지 인근 부동산에 매물로 내놓았다. 주변에서 재건축 이야기가 솔솔 흘러나오는데도 사장님은 빨리 팔아야 한다고만 하신다. 가끔씩 부동산에서 사람을 데리고 와서 집을 보여줄 때면 나도 모르게 짜증이 났다. 조금만 기다리면 수익이 더 남을 것 같은데 말이다. 그렇게 버티고 버텨서 1년이 지난 뒤 5,000만 원 정도의 수익을 얻고 매매했다.

처음 사장님이 팔자고 했을 때 수익금보다 약 2,000만 원을 더 받게 된 것이다. 계약을 하고 바로 사장님에게 계약금 1,000만 원 전액을 드렸더니 사장님은 500만 원을 내게 주셨다. 중도금도 사장님에게 먼저 다 드려서 나눠 받았다. 잔금까지 모든 계산을 마무리할 즈음 사장님이 내게 묻는다.

"받은 돈에서 반만 내게 주면 되지 왜 내가 다 받아서 도로 나눠주게 해?"

나는 이렇게 말씀을 드렸다.

"사장님이 계셨기에 제가 이렇게 수익이 난 것이니 당연히 사장님이 나눠주셔야죠."


공동투자는 내 마음대로 다 되는 것이 아니다. 상대방에 대한 존경심과 고마움이 무너지고 수익에만 혈안이 되면 그 공동투자 결과는 뻔하다. 나는 그 뒤로 사장님과 10여 건 이상 공동투자를 해왔다. 그때마다 느낀 점은 내 안에 이기적이고 나쁜 놈이 있다는 것이다. 상대방의 수고보다는 내가 고생한 것이 더 크게 보여 상대방이 나눠 갖는 수익금을 아깝게 생각하는 놈이 있었다. 그러나 그놈보다 더 힘이 센, 상대에 대한 배려와 섬김을 다하려고 몸부림치던 놈이 항상 있었기에 지금의 야생화가 있는 것이리라. 그러나 아시는가? 아무리 그래도 상대방 입장에서 보면 어딘가 서운한 마음이 자리 잡고 있음을 말이다.

# 나를 부끄럽게 만든 55대 45 셈법

오류동에서 '하나공인중개사무소'를 운영하고 있는 젊은 사장 김기환과의 이야기다. 2003년 K.C.J. 창업센터에서 주관한 경매강의를 들은 기환이는 또 다른 세상을 만난 것처럼 경매의 매력에 빠져들었다. 그때부터 함께 강의를 듣던 동료들과 스터디 모임을 만들어 공부를 하면서 한 달에 한 번씩 내게 보충강의를 부탁했었다.

나는 언제나 열심히 공부하는 기환이를 눈여겨보았다. 경매를 배우기 전에는 중국에서 강아지를 사와서 파는 일을 했던 기환이, 근근이 벌어먹고 사는 그 일도 그만두고 경매를 배워보고자 누구보다 성실한 자세로 공부했던 기환이. 그러나 기환이에게는 그때 경매에 투자할 만한 종자돈이 없었다. 투자 밑천이 없어서 고민하는 기환이에게 나는 공동투자를 제안했다.

공동투자! 내가 어려운 처지에 있을 때 받았던 이학범 사장님의 은혜를 이제 20대의 한 젊은 친구에게 갚을 수 있게 된 것이다. 입찰 보증금을 포함해 융자금을 뺀 나머지 부분을 50대 50으로 부담하기로 했다. 기환이는 이름을 쓰고 나는 내가 가지고 있는 경매실력을 동원해 낙찰부터 명도까지 경매 진행의 모든 과정을 조언하는 방식이었다.

그렇게 약속을 하고 물건 검색을 하다가 강북구 미아동에 감정가 1억 원짜리 빌라를 찾았다. 두 번 유찰되어 6,400만 원에 나온 것을 입찰했는데, 내 욕심으로 차순위자와 700만 원 이상 차이 난 7,300만 원에 낙찰을 받은 것이다. 기환이의 얼굴을 제대로 쳐다볼 수가 없었다. 기환이는 내 마음을 알았는지 괜찮다고 하지만 이 못난 스승은 내내 마음이 착잡했다.

전세가가 6,000만 원 정도밖에 나가지 않아 등록세와 취득세, 명도비용을 포함하니 서로 약 1,000만 원씩 투자를 했다. 1년이 지나도 시세는 9,000만 원을 넘지 않았고 잘 팔리지도 않을 것 같아서 내심 미안한 마음으로 지냈다. 그렇게 시간은 흘러 낙찰받은 지 2년이 넘어갈 즈음 전세를 놔줬던 부동산에서 전화가 걸려왔다.

1억 2,000만 원에 팔아줄 테니 매도할 의향이 있냐는 것이다. 나는 그렇게 하라고 하고 기환이에게 기쁜 소식을 전했다. 그런데 내가 다니던 명지경매에서 미아 지역을 잘 아시는 강 부장님께 물어보니 1억 4,000만 원 이상은 받을 수 있다고 한다. 나는 강 부장님과 같이 미아 지역을 샅샅이 뒤지며 시세를 파악했다. 미아 뉴타운의 영향으로 1억 4,000만 원 이상은 받을 수 있다는 확신이 섰다. 강 부장님이 추천한 부동산에 가서 1억 4,500만 원을 받아주면 복비는 두둑이 주겠다고 하니 부동산 사장님은 흔쾌히 그러자고 한다. 한 달이 지나자 매수자가 나타나 우리가 원했던 1억 4,500만 원에 계약을 했고 부동산 사장님에게도 성심을 다해 인사를 했다.

그렇게 매도를 하고 난 후 양도소득세를 포함해 소요경비를 제하고 나니 약 5,000만 원이 남았고 우리는 2,500만 원씩 나눠 가졌다. 그리고 일주일이 지났을까. 내 통장에 기환이 이름으로 250만 원이 들어온 것을 보고 깜짝 놀라서 기환이에게 전화를 걸었다.

"기환아, 이게 무슨 돈이냐?"

"이사님 은혜로 제가 이렇게 많이 번거잖아요. 아무래도 제 수익금 중 10퍼센트는 이사님께 드리는 게 도리일 것 같습니다. 부담 갖지 마시고 중국에서 봉사활동하실 때 두루 써주세요."

나는 그 말을 들으면서 내 자신이 미워졌다. 나도 기환이를 통해서 수익을 얻었건만 나는 그 생각을 왜 못했던가. 스스로 질문을 하면서 부족한 내 자신을 반성했다.

나는 기환이가 보내준 돈으로 백내장 수술을 못하는 중국의 어려운 분들에게 수술비 일부를 보태드리고, 중국 오지에 사는 어린이들에게 입힐 티셔츠 1,000벌을 마련했다. 그리고 '야생화의 실전경매' 카페 회원들과 함께 중국 일조교회를 방문해 증정했다. 이렇게 해서 50대 50의 수익배분이 55대 45로 바뀐 것이다.

# 가장 행복했던 순간

2005년 여름 중국 일조교회에서 봉사활동을 한 후 인천으로 향하는 배에 피곤한 몸을 실었다. 피곤해서인지 잠깐 잠이 들려는 순간 핸드폰이 울린다.

"이사님, 저 만일이에요. 언제 한국에 돌아오시나요?"

"응 오늘 배를 탔으니 내일 오전에 인천에 도착할 거야."

"그럼 마중 나가겠습니다."

항상 밝고 환한 웃음으로 대하는 제자 만일이를 떠올리니 내 입가에도 미소가 돈다. 못난 스승이 한 달이 멀다 하고 중국에 가서 작은 나눔을 실천하는 것을 응원했고, 이렇게 일주일 정도 떨어져 있어도 건강을 염려해서 전화로 몇 번씩 안부 인사를 하던 만일이였기에 나

또한 무척 보고 싶었다.

입국수속을 마치고 배에서 내려 인천항 터미널에 도착하니 멀리서 만일이가 반갑게 인사를 하며 뛰어온다. 그런데 만일이 혼자 온 것이 아니었다. 만일이가 같이 온 사람을 소개시켜준다. 그 사람은 서글서글한 말씨로 자신을 소개하는데 만일이가 나를 만나 경매에 입문하기 전에 다녔던 현대백화점 직원이며 지금은 만일이와 친구로 지내는 '오성호'란다.

점심을 먹으러 근처 식당으로 이동하는 줄 알았더니 차가 인천을 빠져 고속도로로 접어들기에 내가 물어보았다.

"근처에서 점심을 먹지 어디로 가냐?"

"아, 말씀 안 드렸구나. 실은 이 친구가 조만간 결혼을 하거든요. 근데 전세금이 부족해서 방을 구하지 못하고 있어서 제가 경매로 한 번 구해보라고 했는데 그새 마음에 드는 물건을 하나 봤나봐요. 여기서 얼마 안 떨어져 있으니 이사님이 한번 살펴주셨으면 해서요."

그럼 그렇지~ 어쩐지 둘이 같아 왔더라니.


도착한 곳은 서울시 강서구 화곡동이었다. 감정가 8,000만 원에서 두 번 유찰돼 최저가가 5,120만 원인 빌라였다. 차 안에서 대충 물건에 대해 설명을 듣고 내렸더니 동행한 성호가 앞장을 선다. 앞서 걸으며 주변에 대해 설명을 하는데 벌써 수십 번은 와봤는지 동네 시세며 주변 환경, 교통, 전세 시세까지 내가 알고 싶었던 정보를 정확하게 읊는 것이었다. 순간 내 머리를 스치는 것이 있었다.

'아, 이 물건의 주인은 당신이군요!'

3년 전부터 백화점에서 사귀던 여자친구와 결혼을 하려는데 부모님이 결혼자금으로 주신 4,000만 원으로는 서울 어디에서도 전세를 얻지 못해 고민하다가, 만일이에게 이야기했고 만일이는 자신의 스승에게 이렇게 부탁을 하게 된 것이다.

임장을 마치고 늦은 점심을 먹으러 근처 식당에 들어갔을 때 갑자기 성호가 내게 무릎을 꿇는다.

"도와주십시오. 4,000만 원 가지고는 방 2개짜리 전세 얻기도 힘듭니다. 제가 외아들이라 부모님께 더 이상 부담을 드리고 싶지 않습니다."

너무나 절절한 그 말에 나는 흔쾌히 허락을 하고 입찰 예정가를 알려줬는데 그 가격이 5,340만 원이었다. 그리고 함께 점심을 먹고 헤어졌다.


다음 날, 회사에 출근을 해서 밀린 업무를 보면서도 머릿속에는 온통 화곡동 물건밖에 떠오르지 않았다. 입찰 예정가를 알려주기는 했지만 그걸로 내 소임이 다 끝났다는 생각이 들지 않았다. 없는 돈으로 어렵게 신혼살림을 차리려는 성호는 내 말만 굴뚝같이 믿고 입찰에 들어갈 것 아닌가. 자꾸 마음이 쓰여서 몇 차례 더 입찰 예정 물건지인 화곡동에 가서 자세하게 살펴보았다.

시간은 흘러 입찰 하루 전날. 나는 성호에게 전화를 걸었다.

"성호야, 내가 사례비는 안 받을 테니 200만 원만 더 쓰자."

아무리 생각해도 입찰 예정 인원이 10명을 넘을 것 같았고, 누군가 5,500만 원을 넘길 것 같아 며칠을 고민하다가 이렇게 전화를 건 내 마음을 알았는지 성호도 시원하게 화답했다.

"이사님 말씀에 무조건 따르겠습니다."


입찰일. 소신껏 입찰가격을 적어 집행관에게 제출하고 경매법정 밖을 나오는데 다리가 후들거린다. 그만큼 밤새 걱정해서 그럴 것이다. 서른 살 청년의 몸부림…. 나는 그 몸부림을 너무도 잘 알기에 성호가 꼭 낙찰받기를 기도했다.

개찰 시간이 돼 웅성거리는 사람들을 헤집고 경매법정 안으로 들어서자 때마침 우리가 들어간 경매물건을 호명한다. 한 사람 한 사람 입찰가를 불러 가는데 5,520만 원을 부르자 누군가 뛰어나간다.

'아, 5,500만 원을 넘겼구나.'

옆에서 함께 지켜보던 성호는 더 긴장한 모습이 역력하다. 그때 우리가 입찰한 5,534만 원을 집행관이 부르자 성호는 결혼식 때 신랑이 만세를 외치는 것처럼 큰소리로 "네!" 하며 달려나갔다.

나머지 2명을 더 호명했지만 우리보다 입찰가를 적게 적어 집행관은 성호의 주소와 이름을 다시 한 번 부르며 최고가 매수인임을 선포했다. 들뜬 표정으로 성호가 나를 쳐다본다.

입찰하기 전에 내가 그렇게 신신당부하면서,

1) 법대에서 나를 절대 쳐다보지 말 것

2) 손으로 V자 그리지 말 것

3) 히죽히죽 웃지 말 것

을 알려주었건만 낙찰받는 순간, 내 말을 잊었는지 성호는 연신 내게 웃음을 날린다.

입찰금 영수증을 받은 성호와 남부지방법원 근처 식당으로 들어갔다. 성호는 결혼을 약속한 여자 친구에게 전화를 걸어 낙찰받은 소식을 전하고는 나를 바꿔준다. 휴대폰에서 어느 여자의 울먹이는 목소리가 들려왔다.

"이사님 고맙습니다. 고맙습니다. 이사님은 우리의 은인이십니다."

전세금 4,000만 원을 가지고 서울 지역의 전세를 찾아 몇 날 며칠을 함께 다니며 알아보았지만, 턱없이 높은 전세금 때문에 주저앉으려 했던 여자, 그 여자가 울고 있는 것이다. 휴대폰 저편에서 들려오던 어느 여자의 울먹이는 감사인사를 받을 때가 경매에 입문하고 나서 7년 동안 일해 오는 중에 가장 행복한 순간이었다.

# 100배의 축복

2004년 어느 날 '2jobs' 카페 회원에게서 장문의 메일을 받았다. 어렵게 용기를 내어 보낸다는 말과 함께 시작한 메일에는 이런 내용이 적혀 있었다. 어려운 집안 사정 때문에 부모님과 떨어져 봉천동 산동네에서 대학생 남동생과 함께 방 하나를 얻어 살고 있는데, 허름하더라도 방 3개짜리 빌라를 경매로 낙찰받아 부모님과 함께 살고 싶다면서 조심조심, 그리고 간절하게 내게 도와줄 수 없겠느냐고 묻는 것이었다.

몇 번이나 망설였다는 글을 읽고 나는 곧바로 도와드리겠다는 답신을 보냈다. 며칠이 지나 만나봤더니 수줍음 많은 27세의 예쁜 아가씨였다. '2jobs' 카페 재테크 방에 올려진 '야생화의 실전경매' 칼럼을 보고 자신의 어려운 처지를 얘기하면 혹 도움을 받을 수도 있겠다는 생각에 메일을 보냈단다. 그리고 이렇게 빨리 답신을 받을 거라고는 전혀 예상을 못했단다. 너무나 기뻐하는 모습에 나 또한 기분이 좋았다.

그렇게 만나서 이런저런 경매 진행에 대해 이야기하는데, 그분이 가지고 있는 돈과 전세금을 합치더라도 방 3개짜리 빌라를 낙찰받기는 힘들어 보였다. 그러나 나를 만나고서는 희망에 부푼 그분을 그냥 되돌려 보낼 수가 없어 도와드리겠다는 약속을 하고 돌아왔다.

며칠 후 명지경매 사무실에서 일을 보다가 옆에 있던 기환이에게 이분의 딱한 사정을 이야기하니 선뜻 자기가 돕겠다고 한다. 기환이는 그분에게 맞는 경매물건을 찾기 시작했고 얼마 후 내게 강서구 화곡동 물건을 추천했다.

감정가 8,500만 원, 최저가 5,440만 원.
2002년 보존등기, 방 3개, 대지 8평, 건평 17평.
우리 둘은 곧바로 화곡동으로 달려가 경매물건을 답사하고 권리분석에도 아무런 하자가 없는 것을 확인했다. 다음 날 그분에게 연락을 드려 또 한 번 임장을 했는데, 다행히 그분도 마음에 들어 하셔서 입찰을 하기로 했다. 그런데 그분이 대뜸 우리에게 묻는다.

"수고비는 얼마를 드려야 하나요?"

그동안 말도 못하고 있었던 부담 백배의 이야기. 물건검색부터 임장, 입찰, 융자알선, 명도 등 들어가야 할 비용이 적지 않아서 무료로 해주기는 어려웠고, 일반 경매회사에서 받는 것처럼 하자니 양심이 허락지 않아 기환이를 쳐다보며 이렇게 이야기했다.

"50만 원만 받고 해줄 수 없겠니?"

참 힘든 말이었다. 명지경매에 들어와 나를 따라다니며 경매를 배우던 제자가 처음으로 맡은 컨설팅인데, 교통비밖에 안 되는 50만 원만 수고비로 받으라고 하고 있으니…. 그런데도 기환이는 두말없이 "네!"라고 시원스럽게 대답을 해줬다. 그래서 결국 기환이에게 모든 일을 맡기게 되었다.


며칠이 지나 입찰 하루 전, 기환이에게 전화가 왔다.

"이사님, 그 여자 분이 전화를 안 받네요. 내일이 입찰일인데 어떻게 하죠?"

이 말을 듣는 순간 내 머리를 스치는 것이 있었다.

"아하! 이분의 생각과 내 생각이 달랐구나."

무료로 도와줄 줄 알았던 사람이 50만 원의 사례비를 요구한 것에 마음이 상했던 것이거나, 아니면 경매를 아예 모르는 생초보가 앞으로 겪어야 될 진행상의 어려움에 주눅이 들었거나, 그도 아니면 잔금을 구하는 일에 부담을 느꼈거나 아마 셋 중에 하나이리라.

순간 내 마음도 착잡하고 무거워졌다. 그다음 날이 입찰일이었기에 기환이는 만약 그 여자 분이 입찰일에도 나타나지 않으면 자기라도 들어가겠다고 조심스레 묻는다. 나는 순순히 그렇게 하라고 했다. 다음 날에도 그 여자 분은 끝내 나타나지 않았고 기환이는 해당 물건을 5,880만 원에 자신의 이름으로 낙찰받았다. 한 달 정도 지난 뒤 기환이는 융자를 받아 잔금을 치렀고 명도를 마친 후에는 6,000만 원에 전세를 놓았다.

그렇게 몇 달인가 지났을까? 강서구청장이 화곡동을 뉴타운으로 개발하겠다고 공약한 이후로 그 지역 가격이 하루가 다르게 치솟는 것이다. 나는 '설마?' 했다. 강서구 화곡동이 뉴타운으로 개발되는 것은 하늘에 별 따기보다 어렵다고 생각을 했는데, 그동안의 내 생각이 보기 좋게 빗나간 것이다. 낙찰받은 지 1년도 안 돼 5,880만 원에 낙찰받은 그 경매물건은 1억 4천에 시세가 형성되더니 2년이 지나자 1억 8천이 됐다.

현재 그 물건은 매매가 이뤄졌다. 결과적으로 엄청난 수익을 남겨준 5년 전의 그 일은 수고비로 50만 원을 받은 것 때문이 아니라, 어려운 사정을 듣고 그분을 진심으로 도우려 했던 기환이에게 하늘이 내려주신 100배의 축복이 아닐까?

# 나의 두 번째 이름 '야생화'

경매를 시작하고 나서 처음으로 12평짜리 빌라를 낙찰받아 내 이름으로 소유권이전등기 하고 등기부등본에서 소유자 '배중렬'이란 이름을 보면서 많이 울었다. 이제는 등기필증을 보고도 무덤덤할 만큼 이력이 쌓였지만 유독 아쉬움이 많이 남는 집이 있다. 바로 파주에 있던 300평짜리 전원주택이다. 지금도 가끔 자유로를 달려 그 집 앞까지 가서 산에서 옮겨 심은 야생화를 바라보다 온다. 기회가 다시 와서 파주 전원주택 같은 집을 마련한다면 다시는 팔지 않을 것 같다.

2002년 어느 날 의정부법원에 입찰을 하러 갔는데, 내가 들어갈 물건이 '취하'가 됐다. 선배님들이 입찰 전에 항상 대법원경매정보 사이트를 확인해서 '취하'가 들어왔는지 살펴보라 했건만 실수를 한 것이다. 같이 갔던 후배에게 체면도 안 서고 해서 무언가 보여주긴 해야 했다. 경매정보지에서 그날 진행되는 물건을 보는데 파주시 법원읍에 있는 주택이 내 눈에 확 들어왔다.

대지 300평, 건평 43평, 감정가 1억 8,000만 원, 한 번 유찰돼 최저가 1억 4,400만 원. 다행히 입찰자가 없어서 그날도 유찰이었다. 나는 경매가 끝나자마자 파주로 차를 몰았다. 어렵게 찾아 마당에 들어서니 잡초들이 내 키를 넘어선다. 정원수는 누가 캐갔는지 구덩이가 널려 있다. 집 안에 쇠붙이라곤 남아 있는 게 없어서 문손잡이도 수도꼭지도 하나 없는 흉물스런 모습이었다. 한마디로 대책이 안 서는 광경이었지만, 서울로 돌아온 뒤부터 이상하게 자꾸 그 집에 마음이 간다. 그래서 짬짬이 몇 번을 더 가봤다.

갈 때마다 어떻게 수리하면 좋을지 정원을 어떻게 하면 살릴 수 있을지 별 연구를 다 해보았지만, 아무래도 수리비용이 많이 들어갈 것 같아 포기했다. 그런데 명지대학교 부동산대학원 박준호 교수님이 부동산TV에 출연해서 파주지역 발전방향을 설명하면서 5년 내에 땅값이 많이 오른다는 얘기를 한다. 그 말을 듣고 바로 파주시 법원읍 시세를 파악했다. 대지가격이 평당 60만 원 이상, 농지가격은 평당 30만 원이 호가였다. 그래서 낙찰 예상가를 평당 40만 원 정도로 잡고 입찰에 들어갔다. 최저매각금액 1억 1,520만 원, 다행히 경쟁자가 아무도 없어 단독으로 1억 2,000만 원에 낙찰받았다.

경매를 시작한 지 4년 만에 대지 300평짜리 전원주택을 소유하게 된 것이다. 비록 대출을 70퍼센트나 받아 부담이 있었지만 기분은 좋았다. 낙찰을 받고 나서 나는 일주일에 한 번 이상 파주에 갔다. '아, 나도 드디어 전원주택을 갖게 되구나!' 이런 기쁨도 잠시. 흉물스러운 그 집을 볼 때마다 걱정이 태산이었다.


어느 날 파주 집을 둘러볼 때였다. 몇 분이 우리 집 마당으로 들어오는데 인사를 나눠보니 뒷동네에 사는 분들이었다. 자신들을 '야생화 동호회' 회원이라고 소개한 그분들은 내가 낙찰받은 집 전 주인도 야생화 동호회 회원이었다면서, 전 주인이 우리 집 정원에 심어놓은 야생화를 하나하나 찾아내어 이름도 알려주고 재배방법도 알려준다.

"겨울 지나고 봄이 오면 이 집에서 나는 야생화 향기가 저 아랫동네까지 퍼져요. 어때요? 우리랑 같이 한번 해보시겠어요?"

그분들 말씀이 내가 동호회에 가입하면 정원을 예쁘게 꾸밀 수 있을 거라고 해서 나는 그날 즉시 가입했다.

동호회에서 알려준 대로 정원에 깔려 있던 잔디를 손으로 직접 잡초를 제거하면서 손질했고 이곳저곳을 다니면서 캐온 야생화도 정원 곳곳에 심었다. 마지막으로 동호회 회원들이 가져다준 묘목들을 하나씩 심었더니 흉물스럽기만 했던 집이 조금씩 전원주택답게 자리를 잡아갔다.

　그렇게 파주 집이 어느 정도 모양을 갖춰 갈 즈음, '2jobs' 카페지기 김형로 님으로부터 연락이 왔다. '2jobs' 카페 재테크방에 경매 칼럼을 써서 올려보지 않겠냐는 부탁이었다. 나는 잠시 망설이다가 한번 해보겠다고 약속을 했다. 칼럼 이름을 뭐로 할까, 아이디는 또 뭐로 할까 고민하다가 문득 파주에 있는 그 전원주택과 야생화가 생각났다. 나한테는 고향같이 포근한 그곳에서 피는 꽃, 야생화. 그래서 '파주야생화'라는 아이디에 '야생화의 실전경매'라는 이름으로 '2jobs' 카페에 칼럼을 올리기 시작했다.

　나의 두 번째 이름 '야생화'는 그렇게 탄생한 것이다. 이 세상에 '야생화'를 있게 해준 파주의 그 전원주택이 문득 보고 싶은 밤이다.

# 어느 장애인의 경매 성공기

1998년, 명지경매에 입사하고 몇 달이 지난 후 처음으로 서부지방
법원 경매법정에 가서 입찰하는 것을 견학했다. 그때 내 시야에 제
일 먼저 들어온 것은 경매를 진행하는 집행관도 아니고 수군거리는
아줌마들도 아니었다. 내가 유심히 지켜본 사람은 불편한 몸을 기우
뚱거리며 경매법정을 왔다갔다하는 어떤 장애인이었다. 젊은 사람
이었는데 머리는 노랗게 염색을 했고 턱수염도 길러서 처음 보는데
도 그 사람만 내 눈에 확 들어온 것이다.

나는 경매법정에 함께 간 노경수 부장님에게 물어봤다. 노 부장님
은 엄지손가락을 치켜들며 대단한 사람이라고 한다.

"고정훈이라고, 열세 살 땐가 뇌경색을 앓고 나서 저렇게 몸이 불

편해진 모양이더라고. 시골 살던 부모님이 이 친구 고쳐 보려고 서울로 이사까지 왔는데, 몇 번 수술했는데도 별다른 효과가 없었나 봐."

그러면서 하는 말이, 불편한 몸으로 고등학교까지 무사히 마쳤지만 장남인 자신 때문에 가세가 기울어지자 대학 진학을 포기하게 됐단다. 대신 한 푼이라도 벌어서 집에 보태려고 '태인경매' 회사에 들어가서 등기부등본이나 주민등록등본을 떼는 아르바이트를 했는데, 장애인인데도 밝고 열심히 사는 모습을 오래 지켜본 사장님이 이 친구에게 법원경매를 가르쳤단다. 그리고 지금은 서부지방법원에서 경매 관련 일을 하는 사람치고 그를 모르는 사람이 없다는 것이다.

그는 뒤뚱거리는 발걸음에 부자연스럽게 팔을 내저으며 서부지방법원 이곳저곳을 헤집고 다녔다. 매점 아줌마를 '누님'으로 삼고 정문에서 차량을 안내하는 경비 아저씨를 '큰형님'으로 부르며 법원이 마치 자기 집인 양 드나들었다. 나는 그와 사귀어보려고 만날 때마다 커피도 뽑아주면서 계속 인사를 드렸다. 몇 번 인사를 주고받자 드디어 경매법정에서 나를 만나면 그가 먼저 반갑게 인사를 해주었고, 몇 달이 지난 뒤 나는 그와 함께 경매를 주업으로 하는 싱글들 8명을 모아 '경사모(경매를 사랑하는 모임)'를 만들었다.

나는 그때부터 그와 더욱 친하게 지낼 수 있었는데, 그는 나에게 명지경매 회사에서 미처 배울 수 없었던 수많은 실전 경매 이야기들을 자세하게 들려줬다. 소장을 작성하는 방법이나 명도하는 방법,

촉탁등기 하는 방법 등 이루 말할 수 없는 경매 노하우를 그에게서 배울 수 있었다. 그렇게 지내다가 내가 다니던 명지경매에서 그를 고문으로 추대했다. 명지경매 고문을 맡자마자 그는 그동안 주먹구구식으로 투자해왔던 명지경매 식구들을 대상으로 기초 권리분석부터 꼼꼼히 가르치기 시작했다.

그에게서 경매를 체계적으로 배운 명지경매는 1년이 지나자 서부지방법원 인근 경매컨설팅 회사들 중에서 실적이 가장 많은 경매회사로 우뚝 올라섰다. 지금까지 20여 차례에 걸친 그의 경매투자 성공기는 베일에 가려져 있어 정확하게 파악할 수는 없지만, 낙찰받은 가격과 현재 가격 차이(양도세 제외)가 대략 20억이 넘는 것을 감안하면 현존하는 제일급의 경매고수라고 불러도 손색이 없을 것이다. 지금은 '야생화의 실전경매' 카페의 운영자 중 한 분으로 '쾌걸조로의 경매고수' 칼럼을 쓰고 있다. 경매 투자자금이 부족한 사람들이나 내 집을 마련하지 못한 회원들을 대상으로 불편한 몸이지만 무료로 그들의 손발이 되어주고 있는 것이다.

불편한 몸으로도 남을 도우며 사는 사람, '좌절'이라는 단어는 내 사전에 없다며 언제나 긍정의 힘으로 세상과 멋지게 정면 승부하는 사람, 쾌걸조로 고정훈. 나는 그를 진심으로 존경한다.

# 그리운 동행

그동안 많은 사람들의 도움으로 수익도 얻었고 지금은 이곳저곳에서 경매강의도 하고 있지만 지난 시간을 되돌아볼 때면 가끔 기억에 떠오르는 사람이 있다. 이재명. 지금은 구리에서 '베스트21' 공인중개사무소를 운영하는 사장이지만, 몇 년 전 나하고는 매일 함께 임장하면서 물건분석을 하던 제자 겸 파트너였다. 마치 군대에서 선임병과 후임병의 관계처럼 우리 회사에 갓 입사한 그를 나는 제자로 받아들여서 함께 생활했다. 그는 3년 동안 1년 365일 중에 360일을 함께했던 진정한 나의 후임병이었다.

그렇게 매일 임장을 다니고 물건분석과 권리분석을 하면서 3년을 함께 지내다 보니 나중에는 서로의 눈빛만 봐도 무엇을 이야기하는

지 알 수 있었다. 나는 그가 경매세계에서 성공하기를 진심으로 바랐고 그래서 더 혹독하게 훈련시켰던 것 같다. 초보시절엔 선배들이 낙찰받아 수익을 내는 모습을 보면 자신도 빨리 낙찰을 받아보려고 조급한 마음에 섣부른 투자를 하는 경우가 많다. 노파심에 너무 엄격하게 통제하다 보니, 집에 얼마라도 생활비를 보태야 하는 가장이 1년 동안 한 푼도 가져다주지 못하는 상태에 이르렀지만 그는 그런 것을 내색도 하지 않았다.

매일 오전 9시면 구파발 전철역에서 만나 내가 가져온 차를 운전하며 임장을 하고, 저녁엔 보고 온 물건들을 가지고 권리분석과 물건분석을 했다. 3년을 매일 그렇게 했으니 지도를 그리라고 해도 그릴 수 있을 만큼 됐다.

그런데 그가 나를 떠난다고 한다. 그동안 경매를 배우는 틈틈이 공인중개사 시험을 준비했는데 합격을 했단다. 마침 땅을 전문으로 하는 분이 동업을 하자고 해서 남양주로 가겠다고 하는데, 부족한 내가 무슨 자격으로 그를 말리겠는가. 마음은 아팠지만 환한 웃음으로 그를 보냈다.

남양주에 간 이후 새로운 땅 시장에 빠져 연락도 뜸해지고 가끔 연락이 오면 배우고 있는 그 세계에 대한 이야기를 풀어놓는다. 항상 내 차를 자기 차처럼 운전해왔기에 나 혼자 운전석에 앉아 운전을 하면 무언가 허전하고 낯설게 느껴졌다. 입찰법정에 들어서면 내 옆에 바짝 붙어 남들에게 내가 쓰는 입찰가를 안 보이게 하려고 막

아셨던 재명이의 방어벽이 없음을 느끼면서 그가 내 곁을 떠난 것을 실감할 수밖에 없었다. 사람의 소중함은 그 사람이 떠난 뒤에야 느낀다더니 정말로 그렇다. 그가 곁에 있을 때 더 잘해주지 못한 것이 마음에 걸려 전화로라도 미안한 마음을 전하고 싶었다. 아니, 용서를 구하고 싶었다.

그러던 어느 날, 황인용 씨가 진행하는 교통방송을 듣게 됐는데 '용서'라는 주제를 가지고 시청자의 사연을 듣는다고 한다. 교통방송은 재명이와 함께 다닐 때 재명이가 늘 애청하던 방송이었다. 재명이가 좋아하는 방송인데다가 '용서'라는 주제까지 나와서 나는 운전하는 도중에 방송국으로 전화를 걸었다. 한 번, 두 번, 세 번…. 몇 번에 걸친 시도 끝에 마침내 통화가 이뤄졌다. 작가가 어떤 내용이냐고 묻는다. 나는 그동안 재명이와 있었던 일을 이야기했고 용서를 구하고 싶다고 했다. 그러자 차를 안전한 곳에 주차한 후 휴대폰을 끊지 말고 기다리란다.

몇 분이 지났을까. 광고방송이 나간 후에 황인용 씨의 편안하면서도 다정한 목소리가 라디오에서도 나오고 내 휴대폰에서도 들려온다.

"네, 배중렬 씨. 무슨 사연이시죠?"

나는 떨리는 목소리로 3년간 동고동락했던 후배를 떠나보낸 사연을 이야기했다. 이야기를 하다가 나도 모르게 감정이 북받쳐 생방송인데도 울면서 용서를 빌었다.

"정말 아끼던 후배였나 봅니다. 이런 선배를 둔 이재명 씨는 참 행복한 사람이네요."

황인용 씨는 재명이에게 들려주고 싶은 노래가 있으면 신청해달란다. 나는 안재욱의 '친구'를 신청했다. 늦었지만 나는 그동안 재명이에게 하고 싶었던 말을 안재욱의 '친구'에 담아 보냈다. 그렇게 용서를 구했다.

# 상국아, 미안하다!

상국이를 처음 만난 것은 2005년 '2jobs' 카페 MT 때였다. 어린 두 아들과 함께 온 그는 운영자가 아닌데도 솔선해서 다른 회원들을 섬겼는데, 그 모습이 너무나 보기 좋았다. 그렇게 인연이 된 상국이는 '2jobs' 카페에서 주최한 '야생화의 실전경매' 강의를 수강했다. 그때부터 나를 스승님이라 부르면서 함께 수강한 회원들과 경매스터디 그룹을 결성했다. 1년 동안 열심히 공부한 그들이 경매자료를 모아둘 공간을 만들게 됐고 그것이 지금의 '야생화의 실전경매' 카페가 된 것이다.

1기생들은 진짜 열심히 공부를 했던 것 같다. 어느 날 갑자기 들른 신촌 '토즈'에서 나는 땀을 흘리며 발표하던 상국이를 지금도 기억

한다. 법정지상권을 이해하기 쉽게 설명하는 상국이나 함께 열심히 공부하는 1기생들을 보면서, 내심 그들의 스승이라는 것이 뿌듯하고 행복했다.

어느 날, 상국이가 자기가 사는 인천 연수구에 한번 들러달라고 부탁을 한다. 그동안 자신이 사는 지역에 나온 경매물건들을 자세하게 살펴보면서 임장을 한 결과, 좋은 놈을 찾았고 그놈을 내게 검토받고 싶다는 것이다. 나는 바로 달려갔다. 임장과 현황분석을 하는 방법을 하나하나 알려주려 했는데, 상국이가 먼저 그동안 조사한 내용으로 현장에서 브리핑을 하는 모습에 나는 소름이 돋았다.

세상에, 내가 거기에 있는 것이 아닌가! 상국이가 임장을 한 순서와 방법들, 그리고 임차인 조사내용부터 주변여건을 살핀 결과물까지 내가 임장보고서를 만든 것처럼 그렇게 똑같을 수가 없는 것이다. 판박이가 따로 없었다.

나중에 알고 보니 내가 쓴 칼럼은 100번 이상 보았고 내가 강의한 내용을 녹음해서 수십 번 반복해서 들었단다. 그리고 1년이 넘도록 내게 경매를 배우면서 내가 하는 말 한마디 한마디를 절대 놓치지 않고 새기고 새겼단다. 그러니 김상국 속에 야생화가 있는 것이리라.

그렇게 강한 인상을 받았던 경매물건은 경매지에 지하빌라라고 나왔지만 현황으로는 1층인 아주 좋은 물건이었다. 내가 그 물건에 대해서 좋게 평가를 하자 상국이는 어린아이처럼 무척 좋아했다. 입찰 전날 나는 그에게 예상 낙찰가를 알려주었는데, 입찰 당일에 상국이가 인천 경매법원에서 내게 전화를 했다.

"야생화님, 저….."

"왜?"

"가르쳐주신 낙찰가보다 200만 원 더 쓰면 안 될까요? 아무래도 낙찰가가 더 높아질 것 같아서요….."

신중한 말투. 스승에 대한 예의가 묻어나는 목소리. 그러나 나는 어렵게 전화를 한 그에게 단호하게 대답했다.

"절대 흔들리지 마. 알려준 대로 5,388만 원 그대로 써!"


그렇게 두 시간이 지난 뒤 상국이에게서 전화가 걸려왔다.

"떨어졌어요. 200만 원 차이로….."

만약에 상국이가 쓰고 싶다는 가격을 썼다면 2등과 5만 원 차이로 낙찰을 받았을 텐데…. 내 고집 때문에 수익이 많은 물건 하나를 날린 것이다. 나는 한동안 상국이의 얼굴을 제대로 쳐다보지를 못했다. 미안하고 미안해서….

이 이야기는 이제 술자리의 즐거운 안줏거리가 됐지만, 나는 그때의 일을 교훈삼아 스승으로서, 동료로서 언제나 최선을 다하려고 노력하고 있다.

# 많은 분들이 '희망'을 가졌으면 합니다

이 책은 경매 노하우를 알려주는 책이 아니다. 여러 모로 부족하고 못난 사람의 경매인생에 관한 이야기일 뿐이다. 나는 10년 동안 경매 회사에서 경매를 주업으로 해왔지만 아직까지 단 한 번도 '강제집행'을 하지 않았다. 아니, 하지 못했다. 주위에선 그런 나를 바보라고도 하고 병신이라고도 부르지만, 나는 그런 편잔을 자연스럽게 받아들인다. 그게 나였으니까.

상대방에게 안타까운 사연이 있으면 안타까운 사연을 들어주고, 내가 배려할 수 있는 길이 있으면 배려하는 길을 비껴가지 않으려고 노력했다. 명도하려고 낙찰받은 집에 가서는 무릎부터 꿇고 앉아서 이야기를 들었고, 저쪽에서 이사비가 많이 필요하다면 내 호주머니가 허락하는 한도에서 최대한 양보했다. 그게 마음 편하고 그게 돈을 몇 푼 더 버는 것보다 더 중요한 일이었으니까.

부동산경매로 인생역전에 성공한 사람들이 부쩍 늘었다. 이런 사람들의 이야기가 서점에 쏟아지면서 한동안 이곳저곳에서 이분들의 성공사례 강의가 봇물을 이루었다. '누구는 얼마 벌었다.'는 식의 숫자게임이 1억에서 현재는 100억대까지 올라갔다. 이런 책을 보거나 강의를 들은 사람들이 하나 둘 꿈을 갖고서 경매에 뛰어들지만, 꿈과 현실의 엄청난 차이를 얼마 지나지 않아 깨닫게 된다. 남는 것은 돌이킬 수 없는 실패와 깊은 한숨뿐이다.

부동산투자, 그중에서도 가장 공격적인 형태의 부동산거래인 경매를 통해 성공하려면 주변으로부터 많은 도움을 받아야 하고, 도움을 받으려면 자기 것을 먼저 나누려는 노력이 있어야 한다. 부동산경매를 통해 알게 된 지식이나 낙찰받아 올린 수익을 다른 분들과 함께 나누는 자세가 필요하다는 말이다.

경매는 물론 혼자서도 할 수 있다. 그러나 혼자보다는 여럿이 같이 하는 것이 투자 정보도 더 많이 공유할 수 있고, 수익이 많은 물건을 찾아낼 수 있는 확률도 높아진다. 10여 분의 고수들과 함께 10년이라는 세월 동안 경매를 해오면서 배우고 느낀 점이 너무 많다. 혼자였다면 결코 모르고 지냈을 경매물건의 숨은 가치들, 숨은 함정들, 그리고 숨은 이야기들. 이런 것들의 일부나마 독자 여러분들에게 들려드릴 수 있게 돼 너무 기쁘다. 그리고 행복하다. 혼자였다면 너무 힘들어 지쳐 쓰러졌을지도 모를 시간을 묵묵히 함께 견뎌온 '명지식구'들이 있어서 너무 행복하고 감사하다.

10년 전 1,500만 원 지하 전세방에서 습기와 곰팡이 냄새에 절어 살던 내가 이렇게 책을 내게 됐다. 그동안 현업을 하면서 얻은 경매 수익도 대단하지가 않고 경매에 대한 실력도 아직은 더 쌓아야 할 것이 많다 보니, 책을 낸다는 것이 두려웠지만 용기를 냈다.

2008년 3월 '야생화의 실전경매' 카페에 올린 칼럼을 모아 어느 출판사를 찾아간 적이 있다. 그때 그 출판사의 편집자가 했던 말이 생각난다.

"10년 동안 경매해서 얼마나 버셨나요?"

내가 머뭇거리자 그는 나를 비웃듯이 쳐다보며 이렇게 이야기했다.

"이 칼럼을 가지고 책을 내면 1,000권도 안 팔립니다. 시중에 1,000만 원 가지고도 몇십억 번 책들이 수두룩한데, 명도도 제대로 못하는 경매브로커 이야기를 책으로 만들면 그 책이 팔리겠어요?"

나는 출판사를 나오면서 깊은 한숨을 쉬었다.

7개월이 지난 2008년 10월, 다시 용기를 내어 다산북스에 원고를 보냈더니 이틀 뒤 다산북스 사장님에게서 직접 연락이 왔다.

"배중렬 선생님이십니까?"

"아, 네 맞는데요."

"네, 저는 다산북스 대표 김선식입니다. 내일 시간이 있으신가요? 보내주신 칼럼을 읽어보았는데요, 책으로 내고 싶습니다. 이런 이야기가 책으로 나온다면 아마 많은 분들에게 도움을 줄 것 같네요."

10년 동안 경매를 하면서 얼마를 벌었냐는 질문이 아니었다. 그는 '자신을 지키지 못한 사람들'이나 '수험생을 둔 아버지의 마음'처럼 삶의 애환이 녹아 있는 경매 이야기를 독자들에게 들려줘야 한다고 하신다. 또 '누구 탓을 하랴'에 나오는 이야기처럼 경매의 쓰디쓴 실패담도 들려줘 이제 막 경매를 배우는 분들에게 피부에 와 닿는 조언을 해줘야 한다고 하신다.


그렇게 시간이 지나 출판 계약을 할 때였다.

다산북스 팀장님이 내게 이 책에서 독자 분들에게 꼭 들려주고 싶은 것이 무엇인지 묻는다. 나는 주저 없이 '희망'이라고 대답했다.

"희망이요?"

"네, 많은 분들이 제 글을 읽고 희망을 얻었으면 합니다."

8년 동안 지하 전세방에서 살 때 나의 '소망'이자 '희망'은 지긋지긋한 지하 전세방을 탈출하는 것이었다. 그러나 돈이 없는 나는 곰팡내와 습기가 가득한 그 지하 전세방을 탈출할 수가 없었다. 그러나 경매를 시작한 지 1년이 안 돼 지하 보증금 1,500만 원을 가지고 3층에 있는 빌라를 낙찰받아 소유할 수 있었고, 그렇게 시작한 경매를 통해 지금은 몇 개의 상가와 빌라, 아파트, 원룸 주택 등을 소유하게 된 것이다.

내가 경매를 알지 못했다면?

내가 경매를 하지 않았다면?

지금의 이 자리에 있지 못할 것이다.


경매를 경험해보신 분들 중에는 경매가 갈수록 어려워진다고 하시는 분들이 계신다. 그러나 경매가 그리 어려운 것만은 아니다. 10년의 경험을 통해 내가 얻은 믿음은 경매 책에서나 강의 때 알려주는 어렵고 힘든 권리분석보다는, '사람과 사람 사이에서 얻는 것'이 더 중요하고, 아주 기초적인 것만 착실히 알아도 경매를 잘할 수 있다는 것이다. 그리고 경매를 하면서 '배려와 섬김'의 자세를 잊지 않는다면, 누구든지 '100배의 축복'을 받아 원하는 꿈을 아름답게 이룰 수 있다는 것이다.

2009년 2월
야생화 배중렬

대한민국 최고 경매 멘토,
야생화의 특급 멘토링

이것만 알면 당신도 경매박사

# 경매초보자가
# 꼭 알아야할 경매 10계명

경매는 외로운 투자 게임이다. 투자자가 직접 우량 물건을 골라야 하고 고른 물건을 조사·분석한 뒤, 입찰 여부를 최종 결정한 다음 경매에 참여해야 한다. 한 해에만 30만 건의 물건이 경매시장을 통해 공급된다. 그중 괜찮은 물건은 절반 정도에 불과하고 나머지는 내외적으로 하자가 많은, 일명 '썩은 사과'인 물건이다.

그래서 경매투자자들은 우량 물건에 대한 정보를 얻으려고 경험 많은 고수에게 투자 노하우를 배우기도 하고, 직접 고생하며 발품 손품을 팔기도 한다. 하지만 어떤 고수가 자신이 쌓은 노하우를 쉽게 알려주겠는가. 또 자신이 고수라고 동네방네 떠들고 다니는 사람 치고 진짜 고수인 경우는 드물고, 오히려 초보자들에게 접근해 수임

료나 챙기려고만 하는 사람들이 많은 것이 현실이다.

그렇기 때문에 스스로 노력해서 우량 물건을 낙찰받아야 하는데, 누구에게나 정보가 열려 있는 경매시장에서 한발 앞서 우량 물건을 잡기란 쉬운 일이 아니다. 경매가 대중화됐지만 짧은 경험과 지식만으로 경매투자에 나선다는 것은 그리 녹록치 않은 일이다. 법원서류 보는 법은커녕 등기부등본조차 볼 줄 모르는 사람이 싼 맛에 이끌려, 또는 과욕에 이끌려 고가에 낙찰받았다가 가슴을 치는 일도 허다하다.

경매의 과정은 절차법에 근거한다. 따라서 경매 절차를 이해하고 관련된 정보와 법을 확실히 터득해야 더 값싸고 좋은 물건을 낙찰받을 수 있다. 경매 책 몇 권 읽었다고 경매를 다 안다고 하려는가? 몇십만 원짜리 경매강의를 들었다고 수익을 올릴 수 있다고 생각하는가? 아니면 초보자들이 이곳저곳에서 경매를 통해 수익을 얻었다는 말만 듣고 자신도 그러한 수익을 쉽게 얻을 수 있다고 생각하는가?

제발, 경매를 쉽게 보고 접근하지 마시라. 울고 있는 사람들의 울음소리는 안 들리는가? 한숨 쉬는 사람들의 한숨소리가 안 들리는가? 좋은 물건을 낙찰받아 수익을 얻기 위해서는 철저한 임장은 물론이고, 냉정한 눈으로 체계적인 공부를 병행해야 한다. 그러기 위해서는 여럿이 함께 공부하는 그룹이 있어야 하고, 서로를 격려하면서 관심 있는 물건에 대해 집중 조사해야 한다. 또한 그 물건을 누가 얼마의 가격으로 낙찰받아 가는지, 배당 때 그 물건의 이해관계인들이 얼마나 배당을 받아 가는지를 철저하게 조사해야 한다. 그렇게 쌓인 자료들이 풍성해질 때, 그때서야 경매를 통한 수익도 많아지리라. 내가 생각하는 초보자가 꼭 알아야할 경매 10계명을 설명하자면 다음과 같다.

### 1. 경매 절차를 잘 이해하고 변수에 대비하라

경매는 변수가 매우 많다. 낙찰을 받고도 중간에 취소, 변경, 연기될 가능성이 충분히 있다. 세입자의 항고, 인도명령 지연, 명도소송, 강제집행 등으로 인해 경매 절차가 짧게는 2~3개월, 길게는 1년까지도 지연될 수 있다.

### 2. 임장에 목숨을 걸어라

관심 가는 물건을 찾았다면 반드시 현장을 답사해 법원공고나 입찰정보지의 정보와 일치하는지, 물건에 하자는 없는지를 면밀히 분석해야 한다. 입찰을 하기로 결정했다면 집행관이 작성한 현황조사서와 감정평가사가 작성한 감정평가서를 검토하고, 필요한 서류(토지대장, 건축물대장, 토지이용계획 확인원, 등기부등본)도 발급받아 현황조사서와 감정평가서가 일치하는지 확인한다. 이를 바탕으로 자신만의 요약 노트를 만들고 다시 현장을 방문해 조사한다. 이때 입찰 예정물건을 중심으로 2킬로미터 떨어진 곳까지 원을 그리며 주변 지역을 자세히 살펴보아야 한다.

## 3. 감정평가사의 감정가를 재감정하라

많은 이들이 경매물건은 무조건 싸게 사는 줄 아는데 정답은 '아니오'이다. 몇 년 전만 해도 경매물건을 일반 매매보다 싸게 구입하는 비율이 높았지만 요즘은 개발 여부와 입지 여건에 따라, 또는 시세 파악을 잘못해 일반 매매보다 비싸게 구입하는 경우도 꽤 많다. 초보자들은 감정평가사가 감정한 금액을 그대로 믿고서 감정가를 기준으로 얼마만큼 싸게 낙찰받는가에만 관심을 집중하지만, 경매를 많이 해본 고수들은 감정평가사의 감정은 믿지 않는다. 자신들이 직접 물건지에 가서 현재가치와 미래가치를 면밀히 조사한 다음, 현재 시세보다 무조건 싼 가격에 입찰을 한다.

## 4. 입찰장에서 사소한 실수에 주의하라

입찰서류가 제대로 준비되지 않았거나 기재를 잘못한 경우, 입찰보증금이 부족한 경우, 대리인 응찰 시 입찰자의 인감증명서가 빠져 있는 경우에는 입찰자격이 취소된다. 입찰장에서는 사소한 실수에도 주의하고, 법정에서 집행관의 안내를 주의 깊게 듣고 응찰해야 한다.

## 5. 보이지 않는 함정을 조심하라

요즘 경매정보 사이트가 너무 잘돼 있어서 적은 돈으로, 또는 무료로도 경매정보를 얻을 수 있다. 이때 등기부등본에 나와 있는 권리와 세입자의 전입 여부를 동사무소에 가서 꼭 확인해보길 바란다. 그러면 권리문제에 대해서는 어느 정도 안심을 할 수 있다.

그러나 각종 서류를 통해서도 도저히 파악이 안 되는 것이 있다. 법정지상권, 분묘기지권, 유치권 등이 그것이다. 또한 미납관리비 여부도 반드시 파악해야 한다. 미납된 관리비는 따로 조치를 취하지 않는 경우 통상적으로 낙찰자가 부담해야 하기 때문이다.

### 6. 무조건 장기투자다

단타는 부동산투자에 어울리지 않는다. 특히 부동산투자에 익숙하지 않은 상태에서는 더욱더 장기투자를 선호해야 한다. 부동산은 앞으로 어떻게 개발된다는 장기계획이 어느 정도 알려져 있는 편이다. 다만 장기투자이기 때문에 그 효과가 당장 나타나지는 않지만, 어느 순간 투자하려는 주 세력이 나타나기만 하면 상승하게 돼 있다. 그러나 그 상승시점을 잡기란 무척이나 힘들며 막대한 자금이 필요하기 때문에, 개미투자자라면 미리 들어가서 자리를 잡는 방법밖에 없다. 남들이 뭐라 하든지 나는 이 부동산과 평생을 함께하겠다는 각오로 투자에 임해야 성공할 수 있다.

### 7. 부동산중개업소는 가장 늦게 찾아가라

경매에 전적으로 매진하려면 신문과 인터넷 등에서 정보를 계속 습득하고 임장을 많이 다녀야 한다. 그 지역의 경매물건에 대해서

훤히 안다고 생각될 때까지 계속해야 한다. 그리고 그 지역을 어느 정도 파악하기 전에는 부동산중개업소에는 가지 않는 것이 좋다. 간단한 질문은 전화로 물어보고 충분한 정보를 얻고 난 후에야 부동산중개업소를 방문해야 한다. 초보자들이 경매에 실패하는 가장 큰 이유는 부동산중개업소에서 알려준 달콤한 이야기에 빠져 무지개 꿈을 꾸게 되고, 그래서 현실은 직시하지 않은 채 턱없이 높은 금액으로 입찰을 하기 때문이다. 그렇게 써낸 금액으로 낙찰을 받고 난 후에야 현실적으로 불가능한 꿈을 꾼 것을 깨닫고 입찰금을 포기하는 사례가 너무 많다.

## 8. 지렛대 효과를 활용하라

'잔금대출'은 경매투자의 큰 매력 요소다. 일반 대출은 20~40퍼센트밖에 나오지 않지만, 경매는 60~80퍼센트까지 대출이 가능하다. 그러므로 목돈이 적은 사람들은 경매를 통해 내 집 마련을 하거나 투자계획을 세워볼 필요가 있다. 실제로 내 주위에는 잔금대출을 이용해 크게 성공한 분들이 많다. 단, 주의할 점은 선순위 임차인, 유치권 신고, 지분경매 등의 이유로 잔금대출이 안 나오는 물건도 있기에, 입찰을 결정하기 전에 대출 여부를 반드시 확인해둬야 한다.

## 9. 나 자신을 믿어라

경매에 입문했다면 수익성이 좋은 물건을 낙찰받도록 노력해야 한다. 그러기 위해서는 절대 귀가 얇아서는 안 된다. 귀가 얇아서 운 좋게 성공할 때도 있지만 대부분은 실패로 끝난다. 정보 습득에서 투자까지 철저히 객관적으로 분석하는 과정이 필요하다. 이 물건에 대해서 누구보다 많이 알고 있다는 자신감이 생겼으면, 그다음부터는 자기 자신을 믿고 입찰해야 한다. 경매투자에서 성공한 분들을 보면 대부분이 자신이 정한 가격에 과감하면서도 소신껏 입찰을 한다. 만에 하나 떨어지더라도 상심할 필요가 없다. 그러한 경험이 쌓이고 쌓이면 언젠가 더 큰 수익으로 보답 받을 날이 분명히 온다.

## 10. 강제집행을 하지 마라

경매를 처음 하는 투자자일수록 명도에서 막히면 집행관을 동원하는 강제집행에 의지하려는 경향이 강하다. 그러나 선배로서 간곡히 당부 드리고 싶은 것이 하나 있다. 강제집행으로 명도를 해결하지 않겠다는 굳은 각오를 가져달라는 부탁이다.

나는 10년 동안 경매를 하면서 강제집행을 하신 분들을 많이 봐왔다. 그리고 그렇게 강제집행을 한 경매물건에 어떠한 결과가 오는지도 너무나 잘 안다. 법의 힘을 행사하기에 앞서 따뜻한 마음으로 명도에 임하라. 명도는 '사람과 사람의 관계'에서 해결되는 것이다. 명도의 대상자를 내 친인척이라 생각하고 진행한다면 아름다운 명도를 경험하게 될 것이다.

# 경매물건 선별요령

　수익성이 높은 경매물건을 찾아내기란 쉬운 일이 아니므로 각별한 노력이 필요하다. 좋은 경매물건을 선별하려면 우선 취득목적이 무엇인지가 명확해야 한다. 그리고 어느 지역과 어느 종목에 얼마 정도의 금액을 투자할 것인지를 결정한 다음, 권리분석과 임대차분석을 정확하게 해야 한다. 이 과정에서 사실상 수익이 결정된다.

## 1. 취득목적

　부동산 물건을 취득하는 목적은 크게 두 가지로 나눌 수 있다. 하나는 투자고 또 하나는 실수요이다. 투자가 목적이라면 역세권의 오피스텔, 재건축, 재개발 지역 주변의 연립주택, 상업지역의 상가, 도로 여건이 양호한 개발용 토지 등이 적당하다. 실수요가 목적이라면 입지여건이 가장 중요한다. 주거시설의 경우는 학교시설, 교통여건, 쇼핑환경 등 가족 구성원 전체에 골고루 혜택이 갈 수 있는 지역인지 꼼꼼히 살펴야 한다.

## 2. 지역

크게 지역구와 전국구 두 가지로 나눠진다. 지역구인 경우는 해당 지역의 경매물건만 집중적으로 분석해 그 지역의 물건만 낙찰을 받는다. 그 지역의 발전 방향에 대해서도 잘 알기 때문에 개발이 발표되기 전에 미리 선점해 많은 수익을 얻는다.

전국구인 경우는 전국 어디든 수익이 많은 물건이라면 지역을 가리지 않고 낙찰을 받는다. 일반적인 물건이 아니라 권리관계가 복잡하거나 하자가 있는 물건을 낙찰받아 문제를 해결해서 큰 수익을 올린다.

## 3. 종목

고수는 자기가 좋아하는 종목이 있기 마련인데, 빌라 지하만 좋아하는 분, 토지만 좋아하는 분, 때로는 공장을 좋아해서 공장 물건만 계속 낙찰받는 분도 있다. 즉, 주 종목을 정해놓고 그 종목에만 계속해서 투자한다. 이렇게 같은 물건에 반복해서 도전하다 보면 그 종목에서는 고수 못지 않은 실력을 쌓을 수 있다.

## 4. 투자금액

낙찰을 받았다면 취득세, 등록세, 명도비용 등이 낙찰받은 금액에서 약 5~7퍼센트 정도 더 들어간다. 여기에 집수리 비용이 조금 더 추가될 수도 있다. 그러므로 입찰하기 전에는 항상 자신이 감당할 수 있는 투자금액 한도 내에 있는 물건인지를 따져보아야 한다.

## 5. 권리분석

초보자들이 대체로 어려워하는 부분이지만 원칙을 정해놓고 보면 의외로 간단하다. 등기부등본을 발급받아 말소기준권리가 언제인지를 파악한다. 말소기준권리보다 후순위인 근저당, 가압류 등은 모두 말소되며, 말소기준권리보다 앞선 지상권, 임차권, 소유권이전청구 가등기 등은 낙찰자가 인수한다.

## 6. 임대차분석

주택임차인이 배당요구를 하면 확정일자를 언제 받았느냐에 따라 등기부등본에 있는 권리자 순위가 정해지고, 이 순위대로 배당을 받는다. 단, 대항력이 있는 주택임차인이 배당요구를 하지 않으면 낙찰자가 이를 인수할 수도 있다. 그리고 후순위 소액임차인이라도 배당요구를 했다면 최우선변제금을 받는다.

# 입찰하기 전 이것만은 꼭 챙겨라!

**1. 입찰 당일 구비할 입찰서류**

■본인 입찰: 도장, 주민등록증, 입찰보증금(최저가의 10퍼센트. 이하 동일).

■대리 입찰: 대리인의 도장, 대리인 주민등록증, 입찰보증금, 본인(위임인)의 인감도장, 인감증명서, 위임장(입찰서류 뒷장에 있음).

■공동 입찰: 공동입찰자 전원의 도장, 주민등록증, 입찰보증금, 공동입찰허가원과 공동입찰자목록(집행관에게서 직접 수령).

■대리 입찰(공동): 대리인의 도장, 주민등록증, 입찰보증금, 공동입찰허가원과 공동입찰자목록(집행관에게서 직접 수령), 공동입찰자 위임인의 인감증명서.

※공동 입찰은 지분명기를 정확히 기재해야 함(예: 2명 일 경우 1/2 지분, 10명일 경우 1/10 지분).

## 2. 경매법정에 들어가기 전

입찰하려는 경매물건이 변경, 취하, 정지, 연기가 됐는지 확인을 하고, 20퍼센트 재경매나 특별매각조건 등은 없는지 확인한다.

## 3. 경매법정에서

- 입찰 당일은 매우 혼잡하다. 경쟁률을 의식해서 입찰가를 높게 써낼 수 있으므로, 분위기에 휩쓸리지 않도록 자신의 마음을 잘 다스려야 한다.
- 입찰서를 쓰기 전에 입찰하려는 물건에 대한 이야기는 자제한다(정보 누출의 위험).
- 입찰서를 쓸 때는 경매법정 안에 있는 기재대에서 작성한다.
- 입찰 마감 전(약 11시 10분)까지 입찰을 마치고 입찰함에 넣는다. 지원에 따라 1시간 정도의 차이가 있으니 사전에 확인한다.

## 4. 기타 주의해야 할 매각조건

농지의 경우 낙찰허가일까지 농지취득자격증명을 제출해야 하는 경우가 있는데, 제출하지 못하면 입찰보증금을 날릴 수도 있다. 사전에 취득이 가능한지 꼭 확인해야 한다. 또 재경매 사건의 경우 입찰보증금을 최저가의 10퍼센트가 아니라, 20퍼센트를 준비해야 하는 것도 잊지 말아야 한다.

찰보증금을 최저가의 10퍼센트가 아니라, 20퍼센트를 준비해야 하는 것도 잊지 말아야 한다.

# 고수들의 입찰가 산정법

　고수와 초보의 입찰가 산정법은 분명히 다를 것이다. 고수는 입찰가를 산정할 때 저번 유찰가격에서 얼마를 내려 쓸 것인가를 생각한다. 감정가 1억 원의 물건을 예로 들어보자. 1회 유찰가격이 8,000만 원, 2회째 진행가격이 6,400만 원이라면, 고수는 저번 유찰가격 8,000만 원에서 얼마를 덜 쓸 것인지를 고민한다.

　반면에 초보자는 입찰가를 산정할 때 이번 진행가격에서 얼마를 더 쓸 것인가를 생각한다. 즉, 이번 진행가격 6,400만 원에서 얼마를 더 쓸 것인지를 고민하는 것이다.

　부동산경매의 목적이 자신이 살 집을 마련하느냐, 아니면 수익을 얻기 위한 것이냐에 따라서도 입찰가격이 달라진다. 만약 시세가 1

억 원인 아파트라면 어떻게 해야할까?



1) 세금: 약 230만 원(취득세 1퍼센트, 등록세 1퍼센트, 등록세의 20퍼

센트인 교육세 등. 이하 동일)

2) 중개수수료: 약 50만 원

3) 소유권이전비용: 약 50만 원

총투자금액: 약 1억 330만 원

**실수요자 입찰**

낙찰가: 9,000만 원(시세의 90퍼센트 낙찰 시)

1) 세금: 약 200만 원

2) 명도비용: 약 150만 원

3) 소유권이전비용: 약 50만 원

총투자금액: 약 9,400만 원

시세차익: 1억 원 – 9,400만 원 = 600만 원

**투자자 입찰**

낙찰가: 8,200만 원(시세의 82퍼센트 낙찰 시)

1) 세금: 약 180만 원

2) 명도비용: 약 150만 원

3) 소유권이전비용: 약 50만 원

총투자금액: 약 8,580만 원

시세차익: 1억 원 – 8,580만 원 = 1,420만 원

실수요자라면 입찰가격을 산정할 때 소요되는 비용을 모두 고려해야 하고, 투자자라면 거래시세에서 얼마나 수익이 남는가에 중점을 둬야 한다. 일반 아파트는 거래시세가 투명하게 오픈된 관계로 낙찰가가 높은 편이다. 그러나 일반 빌라, 다세대 주택, 상가, 오피스텔 등은 낙찰가가 높지 않기 때문에, 매매가 잘 성사되는 곳이라면 거래시세를 파악해 한번 도전해보기 바란다.

고수들은 아파트처럼 매매가격이 오픈된 곳에는 수익이 낮기 때문에 입찰을 하지 않는다. 만약 고수가 아파트에 입찰을 들어가면 그것은 재건축이 예정됐거나 감정이 잘못 잡혔거나, 초보자들이 무서워하는 선순위 임차인이 있는 경우이다. 보통 선순위 임차인이라고 하면 초보자들은 입찰에 응하지 않지만, 고수들은 선순위 임차인이라고 하더라도 해결할 방법을 갖고 있기 때문이다.

# 20퍼센트 재경매 사건

경매를 하다 보면 20퍼센트 재경매 사건을 자주 보게 된다. 20퍼센트 재경매 사건으로 나오는 물건은 초보자들이 두려워서 입찰을 포기하는 반면에 고수들은 오히려 환영하는 물건이다. '우리 집에 김치냉장고가 없는 이유'에서 나오는 빌라 물건이 20퍼센트 재경매 사건의 대표적인 사례가 되겠다. 이 물건에 내가 입찰을 한 이유는 간단했다.

권리분석을 해봐도 아무런 문제가 없었고, 시세 파악을 해본 결과 감정가와 크게 차이가 나지 않는 8,000만 원을 웃돌았었다. 위법건축물이라서 고수들의 싸움이라고 판단한 나는, 최저가 4,352만 원에 886만 원을 더 써서 5,238만 원에 낙찰받은 것이다. 그러므로 20퍼센트 재경매 사건이라고 해서 두려워할 필요는 없다.

20퍼센트 재경매 사건이란 누군가 낙찰을 받았다가 이런저런 사유로 입찰보증금을 포기하고 잔금을 내지 않은 것이다. 다음에 다시 경매로 나올 때는 법원 측에서 주의를 주기 위해 입찰보증금을 20퍼센트로 올려놓은 것이다.

그러면 낙찰받은 사람이 왜 입찰보증금을 포기하게 됐을까? 그 원인이야 여러 가지겠지만 대표적인 경우만 뽑아보면 대강 이렇다. 우선 시세 파악을 잘못했거나 입찰 당일, 주위 분위기에 휩쓸려 터무니없이 높은 가격으로 낙찰받았을 경우이다. 또, 권리분석(가령 선순위 임차인의 인수 여부)을 소홀히 해 문제가 있는 권리를 인수했을 경우이다. 잔금대출 여부를 확인하지 않고 낙찰받았다가 잔금대출을 받지 못하는 경우도 입찰보증금을 날리는 주요한 원인이 된다.

이러한 원인들을 잘 파악해서 대처한다면 20퍼센트 재경매 사건으로 나오는 물건들도 일반 경매물건처럼 요리해서 높은 수익을 얻을 수 있다.

# 공동투자의 함정

　실제로 많은 분들이 공동투자로 경매를 하고 있다. 그런데 또 많은 분들이 공동투자 때문에 마음고생을 한다. 공동투자를 하는 경위도 여러 가지라서, 자신을 가르치는 선생님이 권유해 공동투자를 하는 경우가 있는가 하면, 여럿이 모여 경매 스터디를 하다가 의기투합해서 공동투자를 하는 경우도 있다. 아무튼 그렇게 시작한 공동투자가 낙찰로 이어질 때까지는 좋았는데, 몇 년이 지나도록 낙찰받은 물건을 매도하지 못해서 '공동'으로 가슴앓이 하는 경우를 주변에서 많이 본다.

　공동투자는 사실 서로에게 책임을 떠넘기는 과정에서 문제가 가장 많이 발생한다. 나는 잘못이 없고 상대방이 잘못한 것으로 서로

228

를 몰아가다 보면, 감정의 골만 깊어지고 급기야 원수지간으로 관계를 마감하게 된다. 서로 잘해보자고 시작한 동업이 이렇게 원수로 끝나는 걸 막기 위해서라도 항상 배려와 섬김의 자세로 서로를 대해야 한다. 그것이 공동투자로 성공하는 첫째 비결이다.

그리고 두 번째로 공동투자에서 함정이 될 만한 것들을 잘 비껴가는 것도 중요하다. 공동투자 시 조심해야 될 함정은 여러 가지가 있겠지만, 그중에서 두 가지만 추려본다.

## 1. 경매고수라는 이들을 함부로 믿지 마라

경매를 시작한 지 얼마 안 된 초보자일수록 실전에서 경매를 하는 것에 대해 두려움이 크다. 그러다 보니 경매를 잘하는 고수를 찾게 되고, 고수가 좋은 곳에 대신 투자해줄 것이라 믿고 모든 것을 맡기는 경우가 많다. 좋은 고수를 만난다면 문제가 없겠지만 세상 일이 어디 내 뜻대로 다 되던가. 간혹 돈 한 푼 보태지 않고 공동지분자로 참여하거나, 아는 사람 물건을 비싸게 사주는 데만 이용해먹는 나쁜 고수를 만날 수도 있다. 또 큰 소리 탕탕 치면서 초보자들에게 공동투자를 하게 해놓고, 막상 문제가 발생하면 해결하지도 못해서 귀한 투자금을 묶어놓거나 막대한 손해를 입히는 경우도 종종 있다. 그러므로 고수라고 해서 함부로 믿어서는 안 되며 되도록 스스로의 판단으로 투자를 해야 한다.

두 사람이 공동으로 투자했을 때 한 사람은 해당 물건의 미래가치를 높게 보고 장기보유를 하려는 반면에, 다른 한 사람은 그것의 미래가치를 낮게 보고서 빨리 팔려고 내놓을 수 있다. 시간이 지나 둘의 의견이 팽팽하게 맞설 경우 장기보유를 생각하는 쪽이야 크게 문제될 게 없지만, 단기투자로 수익을 얻어 재빨리 다른 곳에 투자하려는 사람에겐 하루하루가 다급해진다. 시간에 쫓기다 보면 감정의 대립은 점점 심해지고 나중에 서로 등을 돌리는 사태까지 벌어진다. 그러니 공동투자를 하기 전에 미리 투자 물건에 대해 서로의 생각을 정확하게 밝히고, 장차 예상되는 진행상의 문제점에 대해 되도록 세세한 부분까지 명시해놓은 공동투자 문건을 준비해둘 필요가 있다.

# 명도 대상자의 종류

## 1. 소유자 겸 채무자의 경우

### 1등급

커피도 타주고 과일도 내놓으며 미안하다는 말을 자주 한다. 이사 비용도 받으려 하지 않고 관리비도 모두 정산해놓는다. 집안 청소까지 말끔히 마친 다음, 전화를 걸어 자기 때문에 심려를 끼쳐드려 죄송하다고 말한다.

### 2등급

거실에 다소곳이 앉아 언제 집을 비워줘야 하는지를 물어본다. 그리고 이사계획에 대해 서로 상의할 때 이사비용을 조금 더 얹어줄 수 없냐고 하면서 미안해한다. 이사하기로 한 날짜에 정확하게 이사를 한다. (협의가능)

### 3등급

목소리가 크며 신경질적이다. 때로는 자신의 처지를 비관하며 울기도 한다. 그러다가 이사비용은 얼마 줄 것인지 빚쟁이처럼 독촉하듯 물어본다. 보통 이사비용으로 처음에 500만 원을 부르다가 300만 원 이하는 절대 안 된다고 버틴다. (인도명령대상)

### 4등급

문도 안 열어주고 다음에 오라고 한다. 다시 찾아가면 그때는 부재중이다. 어렵게 다시 만나면 이상한 협박을 한다. 이사 갈 준비도 하지 않고 자기들 때문에 돈 벌었으니, 이사비용을 많이 달라고 하면서 1,000만 원 이상을 요구한다. (강제집행대상)

### 5등급

밤 12시가 넘어야 들어오므로 밤새 지키고 있다가 만나야 한다. 아니면 도통 만날 수가 없다. 만나더라도 '배 째라'고만 한다. 아니면 '죽인다'고 하거나 '불을 지르겠다'고 협박한다. 무슨 말을 하더라도 대화가 안 되며 나중에 강제집행 당할 때 울면서 매달린다.

## 2. 임차인의 경우

### 1) 임차금 전액을 배당받는 세입자

#### 1등급

경매하는 사람이라면 제일 선호하는 대상이다. 명도가 제일 쉽고 편하게 이뤄진다. 밀린 관리비도 임차인이 정산하고 이사하기로 한 날짜에 정확하게 이사한다.

#### 2등급

경매가 진행되면서 입은 피해보상을 요구하기도 한다. 밀린 관리비를 청산하지 않고 이사를 가는 경우가 종종 있으므로 명도확인서를 건네주기 전에 꼭 확인을 해야 한다.

### 2) 임차금 중 일부만 배당받는 세입자

#### 1등급

배당을 받기도 전에 미리 이사 갈 준비를 다 해놓는다. 밀린 관리비를 다 정산한 영수증과 이사 갈 곳의 계약서를 보여주며 명도확인서를 달라고 한다.

2등급

이사 갈 준비가 전혀 안 돼 있고 낙찰자가 찾아가면 이사비용을 얼마나 줄 것인지를 물어본다. 보통은 300만 원부터 시작해 200만 원 선에서 합의를 보려 한다. 또한 명도가 되지 않은 채로 무조건 명도확인서부터 달라고 고집을 부린다. 아니면 이사를 안 가겠다고 버틴다. (인도명령대상)

## 3) 배당을 전혀 못 받는 세입자

1등급

명도를 하다 보면 의외로 변수가 많은 부류 중의 하나. 배당을 한 푼도 못 받는 것 때문에 명도가 엄청 힘들 것이라 예상했는데, 의외로 이사비용 200~300만 원 정도에 쉽게 합의가 되는 경우가 있다. 본인이 처한 사정을 잘 아는 경우이다. (인도명령대상)

2등급

집에 들어서면 방문 한두 개는 부서져 있으며 앞뒤 안 가리고 험한 욕설부터 시작한다. '내가 죽으면 그만'이라고 하거나 집에 불을 질러 버리겠다고 협박한다. 대부분 1,000만 원 이상의 이사비용을 요구한다. 강제집행을 신청하여 계고장을 대문에 붙인 뒤에 이사비용을 협의해야 한다. 그 전엔 절대 말을 듣지 않는다. (강제집행대상)

# 실전에서 자주 접하는 문제,
# 이렇게 해결하라

## 1. 명도확인서

세입자가 배당을 받아 명도에 어려움이 없을 것이라고 생각하지만, 제일 많이 부딪히는 문제가 '명도확인서'와 관련된 것이다.

세입자는 배당을 받으려면 낙찰받은 사람의 명도확인서와 인감증명서를 준비해서, 세입자의 주민등록등본과 계약서 원본과 함께 법원에 제출해야만 한다. 여기서 문제가 발생하는 것이다. 낙찰자는 명도가 이루어진 것을 보고 이 서류를 준다고 하고, 세입자는 배당을 받아야 하므로 이 서류를 먼저 받아서 배당을 받은 후에 이사를 나간다고 한다. 서로의 입장 차이 때문에 감정이 상하게 되고 급기야 강제집행을 하게 되는 사태까지 벌어진다. 이럴 때는 어떤 방법이 있을까?

나는 이 문제를 협의를 통해 해결한다. 먼저 세입자를 만나서 진행 절차에 대해 말씀드리고 '명도이행합의서'를 작성한 다음, 이행보증금(만약에 명도소송이 벌어질 것에 대비해서)으로 약 50만 원에서 100만 원 정도를 받고 명도확인서와 인감증명서를 준다. 세입자가 명도를 마치면 그때 받았던 이행보증금을 되돌려준다.

## 2. 다세대 전입신고 시 발생하는 호수 미기재

세 들어 살던 집이 경매에 넘어갔을 때 다가구 주택이냐, 다세대 주택이냐에 따라 희비가 엇갈려 전세 세입자들의 각별한 주의를 요한다.

다세대 주택은 각 세대별로 주인이 다르기 때문에 전입신고 시, 지번뿐만 아니라 등기부등본에 나와 있는 동ㆍ호수까지 정확하게 기재해야 주택임대차보호를 받을 수 있다. 그동안 경매를 하면서 다세대 임차인이 등기부등본에 나와 있는 동ㆍ호수를 확인하지 않고, 현황 상 건물에 붙여진 동ㆍ호수로 전입을 신고해 임대차보호를 받지 못하는 경우를 많이 봤다.

반면에 다가구 주택은 법률상 단독주택이기 때문에 건물 전체가 주인 한 사람의 이름으로 등기돼 있다. 그래서 세입자는 다가구 주택의 지번으로 전입신고를 해도 주택임대차보호를 받을 수 있다.

## 3. 전입 및 확정일자와 저당일자가 같을 때

임차인이 세를 들기 전에 등기부등본이 깨끗한 것을 확인하고 전입 및 확정일자를 받아놓았는데, 임대인이 나쁜 마음을 가지고 전입 및 확정일자를 받은 날 당일에 저당을 실행시켜, 전입 및 확정일자와 저당일자가 동순위인 경우가 가끔 발생한다.

이럴 때 입찰자는 고민에 휩싸이게 된다. 저당권자가 우선이라면 세입자는 배당을 받아 가겠지만, 세입자의 권리가 우선이라면 대항력이 생기므로 낙찰자의 인수 부담이 발생할 수도 있기 때문이다.

이런 경우 전입신고일에 받은 확정일자의 우선변제효력은 대항요건을 갖춘 '다음날 0시'부터 발생한다. 그러므로 잔금을 치르는 날 부동산에 갈 때는 오전에 가지 말고 오후 3시 이후에 가서 그 시간에 직접 등기부등본을 떼보라. 만약 그때 '사건 처리 중'으로 나온다면 등기소에서 현재 등기부등본상에 기재할 내용이 있다는 말이므로, 잔금을 다음 날로 미루고 다시 등기부등본을 확인해야 한다.


## 4. 선순위 위장임차인

경매로 나온 주택 중에는 근저당이 설정되기 이전부터 전입이 돼 있는 경우가 종종 있다. 은행은 근저당을 해줄 때 해당 물건에 전입이 있을 경우 대출을 해주지 않는다. 그래서 '무상거주확인서'를 은행에 제출해야만 대출이 이뤄지는데, 무상으로 살고 있던 사람(소유자 겸 채무자의 친인척인 경우가 많음)이 경매가 진행되면서 갑자기 임차인으로 탈바꿈해 나타나기도 한다. 이런 경우가 바로 선순위 위장임차인이다.

그럼 이러한 선순위 위장임차인을 가려내는 방법은 무엇일까?

첫째, 금융권에서 정상적인 대출이 이뤄졌는지를 확인한다. 전입자가 있는 경우에 은행에서 대출을 받으려면 채무자 겸 소유자는 전입자의 '무상거주확인서'를 제출해야 한다는 것을 기억하라.

둘째, 채무자 겸 소유자와의 관계를 확인한다. 전입을 확인하러 동사무소에 갔을 때 담당자에게 임차인이 주인과 친인척 관계가 아닌지 알아본다. 호적등본, 재적등본을 발급받아 확인해볼 수도 있다.

셋째, 확정일자를 확인한다. 동사무소나 공증인사무소에서 임대차 계약서가 사실이라는 걸 확인해야 확정일자가 나오므로, 만약 위장임차인이라면 계약서가 없을 테고 당연히 확정일자도 받지 않았을 것이다. 계약서가 있더라도 전입한 시점이 아니라 경매가 시작되기 전후로 확정일자가 기재돼 있다.

넷째, 배당요구를 했는지 확인한다. 전입이 빠른 위장임차인 대부분은 배당요구를 하지 않는다. 배당요구를 하더라도 채권자가 선순위 위장임차인에게 배당을 주지 말라고 '배당배제신청'을 한다.

다섯째, 점유 여부를 확인한다. 위장임차인은 대부분 점유를 하지 않거나 소유자와 함께 점유하고 있는 경우가 많다.

여섯째, 공과금을 내는 주체가 누구인지 확인한다. 전기요금, 전화

요금, 수도요금, 가스요금 등 공과금을 누가 냈는지를 확인하면 위
장임차인 여부를 알 수 있다.


## 5. 후순위 위장임차인

주택임대차보호법을 악용하는 위장임차인은 소액보증금의 최우
선변제를 받기 위해 경매가 진행되기 3개월 전후로 전입을 하는데,
초보자들은 낙찰을 받게 되면 이런 사람들에게 무조건 최우선으로
배당이 나오는 줄 알고 있다.

그러나 요즘은 이런 사람들 때문에 배당을 받아야 할 채권액이 적
어지므로 채권자 측에서 '배당배제신청'을 많이 한다. 따라서 소액
임차인이 배당요구를 하면 무조건 최우선변제금이 나온다는 것은
잘못된 판단이다.

후순위 임차인이 진정한 임차인인지 아니면 위장임차인지를 따져
보아야 하는데, 앞서 말했듯이 경매개시등기 3개월 전후에 전입한
경우라면 의심해볼 필요가 있다. 이럴 때는 배당이 안 나올 수도 있
다는 생각을 염두에 두고 명도에 대해 미리 대책을 세운 다음 입찰
해야 한다.

## 6. 세대합가

주민등록전입일이 근저당권보다 후순위인 임차인이 명도단계에서 대항력을 주장하고 나선 사건이 있어 주의를 요한다. 여기서 후순위 임차인이 대항력을 주장할 수 있었던 근거는 다름 아닌 '세대합가'였다.

앞서 '깍두기의 의리' 편에서 세대합가의 적절한 사례가 나온다. 새로 구입한 차량번호를 바꾸기 위해 처와 아들을 남겨놓고 조폭 아빠만 혼자 고양시로 잠시 주소를 이전했다가 돌아왔을 때, 조폭 아빠의 전입일자는 최초로 전입한 시점(가족)이 아니라 재전입을 한 날짜가 된다. 그사이 근저당이 설정됐다면 근저당보다 전입이 늦은 것이므로 대항력을 상실한 것(후순위)으로 보이는 것이다. 서류상에는 세대주인 조폭 아빠의 전입일자만 나오므로 후순위로 생각할 수 있는 것이다. 그러나 이러한 경우엔 세대합가가 적용돼 대항력이 있는 것이다. 만약 확정일자를 최초 전입일자로 신고한 후 배당요구를 한 것이라면 배당이 제일 먼저 나오게 되지만, 배당요구를 하지 않았을 때는 낙찰자가 고스란히 인수해야 하므로 큰 손해를 입게 되는 것이다.

## 7. 경매부동산의 동산 처리방법

낙찰받은 부동산의 전 소유자나 세입자가 짐만 남겨두고 행방을 감춰 피해를 보는 사례가 많다. 보통 전 소유자나 세입자에게 인도명령서를 발송해 물건을 가져가도록 독촉하는데, 만약 인도명령서를 발송했는데도 송달을 받지 않으면 재송달, 야간송달, 공시송달을 한다(집행관에 따라 다를 수 있음).

공시송달까지 한 후에는 강제집행 신청을 하게 되는데, 이때는 증인 2명을 대동해야 하며 집행관은 사진을 찍어 증거를 확보해놓는다. 그 뒤에는 집행관이 정하는 제3의 장소에 물건을 보관해야 하며 보관료도 낙찰자가 부담해야 한다.

이 경우 낙찰자가 취할 수 있는 방법은 동산권리자에게 물건 보관으로 인한 손해배상을 취지로 하는 내용증명서를 보내 의사표시를 하는 것이다. 3개월이 지나도록 압류권자가 동산을 처분하지 않으면, 법원은 이런 물건들의 적체를 해소하기 위해 압류권자에게 최고 2회까지 처분을 촉구한다. 이때 낙찰자는 보관임대료를 채권으로 전환해 다시 동산을 압류, 동산경매를 신청하는 방법으로 처리할 수도 있다.

## 8. 공유자의 우선매수청구권

공유자는 써낸 가격으로 우선 매수할 수 있는 권리가 있다. 이때 매수청구권을 행사하고자 하는 공유자는 입찰종료선언 전까지 매수청구를 해야 하고, 최저입찰가의 10퍼센트에 해당하는 현금이나 유가증권을 보증으로 제공해야 한다. 그러면 최고가매수신고인은 차순위매수신고인의 자격을 갖게 된다.

통상적으로 공유지분경매에서는 시가보다 상당히 저렴한 가격으로 낙찰되는 경향이 있다. 이러한 현상은 모든 매입자들이 공유자보다는 단독소유자가 되는 것을 선호할 뿐만 아니라, 공유자가 우선매수청구권을 행사하면 기껏 낙찰받은 것이 헛수고가 될 수도 있기 때문이다. 또한 공유자가 되면 또 다른 공유자와 어떤 식으로든 타협을 해야 하는 등의 번거로움이 뒤따른다. 그 이유는 친구나 형제가 공유하는 식으로 공유자 상호 간에 특별한 인간관계가 존재하는 경우가 많기 때문이다.

그러나 공유자가 반드시 우선매수청구권을 행사한다고는 볼 수 없다. 일정한 지분을 매수해 다른 사람과 공유관계가 된다고 해도 공유자에게는 공유물분할청구권이 인정되므로, 공유자 간에 뜻이 맞지 않는다고 하더라도 큰 문제가 되지 않는다. 그러므로 현황을 잘 파악해 입찰 여부를 따져봐야 할 것이다.

## 9. 농지취득자격증명을 받는 방법

토지를 경매로 낙찰받으려면 농지취득자격증명을 법원에 제출해야 한다. 만약 농지취득자격증명(이하 농취증)을 법원에 제출하지 못하면 낙찰 불허가가 나오고 입찰 보증금도 떼이게 된다.

토지가 경매로 나와도 초보자들은 이 농취증 때문에 입찰을 꺼리는 경우가 많다. 그런데 실무를 하면서 내가 느낀 점은 농취증을 발급 받기가 그리 어렵지 않다는 사실이다. 예를 들어, 낙찰받으려는 토지가 경기도 파주시 법원읍에 소재한다면 입찰을 하기 전에 파주시 법원읍에 가서 담당자를 만나보라. 담당자에게 해당 농지의 주소를 알려주면서 낙찰받았을 경우 농취증 발급이 가능한지 물어보면 자세하게 알려준다.

낙찰을 받았다면 집행관 사무실에서 '최고가매수신고인 증명'을 발급받아 담당자에게 제출한다. 담당자는 낙찰자에게 '농지취득자격증명신청서'와 '농업경영계획서' 서류를 주는데, 담당자와 상의해 서류를 작성하고 다시 제출한다. 담당자는 현장을 방문해 불법건축물의 유무를 확인한 후 파주시 법원읍장에게 결재를 올린다. 그리고 2~3일 후에 담당자로부터 연락이 오면 농취증을 발급받아 법원에 제출하면 된다.

## 10. 밀린 공과금 처리방법

명도과정에서 은근히 속 썩이는 것 중 하나가 공과금 처리문제이다. 공과금 납부가 얼마나 밀렸는지, 그리고 얼마나 인수해야 하는지 막막할 때가 있는데, 이 문제는 크게 걱정할 필요가 없다.

## 전기세

■미납확인방법: 국번 없이 123번으로 전화해 상담원에게 집 주소
를 알려주면 곧바로 미납 여부를 확인할 수 있다. 상담원에게
본인은 집 주인이고 세입자가 이사할 예정이라고 말을 하면 무
리 없이 안내해준다.

■처리방법: 전기세를 안 내고 나간 경우, 소유권이 이전된 등기부
등본 1통을 담당자에게 제출한다. 밀린 전기세는 전 점유자에게
귀속돼 끝까지 따라간다.

## 도시가스비

■미납확인방법: 해당 지역 도시가스 고객센터에 전화해 해당 주소
지의 도시가스비 미납 여부를 확인하면 된다.

■처리방법: 전기세의 처리방법과 같다.(단, 지역마다 처리방법이 다
를 수도 있는데 경우에 따라서는 가스계량기 설치비용을 신규로 받는
경우도 있음)

## 상수도 요금

■미납확인방법: 국번 없이 121번으로 전화해 해당 주소지의 상수
도 요금 미납 여부를 확인하면 된다.

■처리방법: 전기세의 처리방법과 같다.(상수도 미납 부분은 제일 쉽
게 처리된다)

100배의 축복

**초판 1쇄 발행** 2009년 2월 20일
**초판 5쇄 발행** 2009년 3월 30일

**지은이** 배중렬
**펴낸이** 김선식
**펴낸곳** 다산북스
**출판등록** 2005년 12월 23일 제313-2005-00277호

**PD** 김다우
**DD** 최부돈
**다산북스** 임영묵, 박경순, 이혜원, 김다우
**마케팅본부** 곽유찬, 민혜영, 이도은, 허미희, 박고운
**저작권팀** 이정순, 김미영
**홍보팀** 서선행, 강선애, 정미진
**광고팀** 한보라, 김태수
**저작권팀** 이정순, 김미영
**디자인본부** 최부돈, 김희림, 손지영, 이인희
**경영지원팀** 방영배, 김미현, 이경진, 유진희
**미주사업팀** 우재오
**외부스태프** 표지·본문 삽화 김영신

**주소** 서울시 마포구 염리동 161-7번지 한청빌딩 6층
**전화** 02-702-1724(기획편집)  02-703-1723(마케팅)  02-704-1724(경영지원)
**팩스** 02-703-2219
**이메일** dasanbooks@hanmail.net
**홈페이지** www.dasanbooks.com

**필름 출력** 스크린그래픽센타
**종이** 신승지류유통(주)
**인쇄·제본** (주)현문

ISBN 978-89-93285-68-0  (03320)